PRENTICE MULFORD
ALLTAGSPHILOSOPHIE

PRENTICE MULFORD

ALLTAGSPHILOSOPHIE

ODER

WIE ICH MICH SELBER GLÜCKLICH MACHE

IM SANSSOUCI VERLAG IN ZÜRICH

Zehn Aufsätze aus «Your Forces and How to Use Them»

Ausgewählt und mit einem Nachwort versehen von Charles Linsmayer

Ins Deutsche übertragen von Trude Fein

Diese Ausgabe stellt eine Auswahl aus den 73 Aufsätzen dar, die von 1888 bis 1890 vom Verlag Needham, New York, gesammelt und in sechs Bänden herausgebracht wurden. Gesamttitel sowie Kapitelüberschriften stammen vom Herausgeber. Weitere acht Aufsätze aus Mulfords Hauptwerk sind im gleichen Verlag unter dem Titel «Seeleninventar oder Bleib einen Augenblick stehen und denk über dich selber nach!» 1981 erschienen.

INHALT

WAS DU TUST, TUE GANZ!

Eines der wichtigsten Mittel, unsere Körper- und Geisteskraft zu bewahren und zu vermehren, besteht darin, dass wir Körper und Geist dazu erziehen, *jeweils nur ein Ding auf einmal zu tun.* Anders ausgedrückt: alle Gedanken, die zur Verrichtung einer Sache notwendig sind, sollen wir dieser einen Sache zuwenden, während wir alle anderen, die nicht dazugehören, beiseiteschieben.

Der Körper ist nur eine Art Apparat, der vom Geist benützt wird. Wenn dieser Apparat schwach ist, wird unsere Denkkraft in hohem Mass dazu gebraucht, seiner Schwäche entgegenzuwirken, womit sie fast nutzlos verbraucht wird. Dann gleicht der Geist einem Arbeiter, der sich bemüht, seine Arbeit mit einem unvollkommenen Werkzeug auszuführen; zum Schluss wird das schadhafte Werkzeug vielleicht die ganze Kraft des Arbeiters nutzlos machen und erschöpfen.

Geistes- und Körperkraft ist der Grundstein aller Freude und allen Erfolgs. Ein schwacher Körper kann sich nur an wenig oder gar nichts erfreuen. Unser Körper ist ein Kraftreservoir. Essen und Schlafen sind Mittel, in uns die Kraft zu erneuern oder, mit anderen Worten, uns mit Geist aufzufüllen. Wenn wir voll Kraft sind, haben wir Freude an unserem Spaziergang, an unserem

Beruf, an jeder Art von Betätigung. Darum ist es für uns alle sehr wichtig zu wissen, wie wir diese Kraft in unseren wachen Stunden möglichst bewahren und vielleicht sogar vermehren können. Diese Kraft hat nämlich einen Handelswert, der sich in Dollar und Cent ausdrücken liesse. Ein schwacher, erschöpfter Körper taugt weder zur Arbeit noch zum Genuss, und jede Tätigkeit wird dann am besten geleistet, wenn sie einem gleichzeitig Freude macht.

Ein altes Merkwort sagt: «Was du tust, tue mit deiner ganzen Kraft!»

Gemeint ist dabei nicht die krampfhafte, flüchtige Kraft von Wut oder Ärger. Das ist nämlich keine Kraft, sondern Kraftvergeudung! Was wir verlangen, ist vielmehr, dass jede Tätigkeit in unserem Dasein, ob wir uns nun die Schuhe schnüren, einen Brief schreiben oder einen Bleistift spitzen, mit der Kraft von Methode, Präzision, Genauigkeit und Sorgfalt, kurz mit der Kraft der Konzentration vollbracht werde. Ich erinnere mich an meinen ersten Tag als Goldgräber in Kalifornien. Ich war noch ein halber Junge und handhabte meinen Spaten mit aller Kraft, als ein alter Bergmann neben mir sagte: «Junge, du strengst dich beim Graben zu sehr an. Du musst mehr Gedanken in deinen Spaten stecken!»

Ich überlegte mir diese Bemerkung und kam darauf, dass es zum Graben ja eine Zusammenarbeit von Geist und Muskeln braucht; Geist, um den Muskeln die Richtung anzuweisen; Geist, um die Spitze des Spatens dort anzusetzen, wo er das Höchstmass von Erde mit einem Mindestmass von Anstrengung zu fassen bekäme; Geist, um der Erde, die vom Spaten weggeschleudert wird, die Richtung anzuweisen; und unendlich kleine Geistpartikel, wenn ich mich so ausdrücken darf, um beim Graben jeden Muskel aufs beste auszunützen. Ich merkte, dass ich um so besser schaufelte, je mehr Gedanken ich in die Schaufel steckte; je weniger anstrengend die Arbeit wurde, desto mehr wurde sie zum Spiel und desto länger währte meine Kraft. Sobald aber meine Gedanken zu anderen Dingen schweiften, was immer es sein mochte, verminderte sich alsbald meine Kraft und meine Freude am Schaufeln, und es wurde wieder zu einer lästigen Arbeit.

Jeder Gedanke ist ein Ding und eine Kraft aus unsichtbarer Substanz. Das Denken verbraucht eine gewisse Menge an Körperkraft. Noch in unseren «müssigsten Momenten», wie wir das nennen, arbeiten wir in diesem Sinne und verbrauchen wir diese Kraft. Wenn wir nun während einer körperlichen Betätigung an etwas anderes denken, verschwenden wir unsere Gedanken und unsere Kraft. Bevor wir eine Stecknadel vom Fussboden aufheben, strahlen wir Substanz in Form von Gedanken aus – nämlich den Vorsatz, die Nadel aufzuheben. Dieser Vorsatz ist Kraft. Diese Kraft richten wir auf unseren Körper, der ja das Werkzeug zum Aufheben der Nadel darstellt. Diesen Vorsatz sollten wir nun nicht mit Vorsätzen zur Ausführung anderer Handlungen vermischen, während unser Körper die Nadel aufklaubt. Sobald wir das tun, senden wir unsere Kraft gleichzeitig in zwei Richtungen aus – oder versuchen es zumindest. Wir vermengen und verwirren den Vorsatz und die Kraft für eine Handlung mit dem Vorsatz und der Kraft für eine andere.

Jede ungeduldige Handlung, jeder ungeduldige Gedanke, wie geringfügig sie auch sein mögen, kosten uns einen unrentablen Kraftaufwand. Wenn wir zum Beispiel beim Gehen ermüden – das heisst, wenn unsere Beine ermüden, während unser Geist mit Projektieren, Reflektieren, Spintisieren oder sonstwie beschäftigt ist –, müssen wir all dieses unnütze Denken kategorisch verbannen und unsere ganze Geisteskraft und Aufmerksamkeit auf unsere Gehwerkzeuge richten; wir werden überrascht sein, wie rasch die Müdigkeit schwindet und neue Kraft in unsere Glieder zurückkehrt. Jede physische Handlung kostet nämlich einen Gedanken, und jeder Gedanke kostet einen gewissen Kraftaufwand. Jeder Schritt, den wir tun, setzt einen Vorsatz voraus, den Schritt in eine bestimmte Richtung zu lenken. Ein Vorsatz aber bedingt einen Denkaufwand, und Denken bedingt einen Kraftaufwand. Wenn wir beim Gehen an andere Dinge denken, geben wir Kraft gleichzeitig in zwei Richtungen aus.

Könnte denn ein Akrobat sich so gewandt an einem Seil hinaufhangeln, wenn nicht sein ganzes Denken ebenso wie seine ganze Kraft auf seine Nummer gerichtet wäre? Könnte ein Redner seine Zuhörer mitreissen, wenn er beim Reden einen Schleifstein drehen müsste? Und doch nehmen wir bei vielen Handlungen ganz unwissentlich die überflüssige Plage des Schleifsteindrehens auf uns, weil wir an *einen* Vorsatz denken, während wir einen anderen ausführen oder auszuführen versuchen. Wenn wir bei einer Bergbesteigung ständig voller Ungeduld zum Gipfel emporblicken und wünschen, dass wir schon dort wären, werden wir bald ermüden; denn wenn wir in unserer Phantasie nahe beim Gipfel weilen, während unser Körper noch weit unten ist, senden wir unsere Gedankenkraft zum Gipfel hinauf, so dass dem armen, missachteten Körper kaum genug Kraft bleibt, sich mühsam weiterzuschleppen. Wenn wir aber die ganze Kraft dem Körper widmen und sie auf jeden Schritt konzentrieren, fällt uns das Steigen viel leichter, denn dann ist unsere Kraft gerade in jenen Körperteilen – den Beinen – konzentriert, die sie am nötigsten brauchen. Sobald wir unsere ganze Kraft auf jeden Schritt konzentrieren, machen wir uns jeden

Schritt leichter; wir finden an jedem Schritt ein gewisses Vergnügen und vergessen alles Unangenehme – nämlich den ungeduldigen Wunsch, schon auf dem Gipfel zu stehen.

Dieses Prinzip gilt für alles, was wir im Leben tun. Wer wünschte nicht, allen Kummer, alle Enttäuschung, jeden Verlust vergessen zu können, indem man alle Gedanken auf etwas anderes richtet und davon so absorbiert wird, dass man alles übrige vergisst?

Das ist eine Möglichkeit des Geistes, und zwar eine, nach der zu streben es sich wahrhaftig lohnt. Dieses Ziel kann durch Konzentrationsübungen erreicht werden, mit anderen Worten, indem man seine ganze Denkkraft auf die Verrichtung der sogenannten trivialen Dinge richtet; jede Sekunde, die man auf solche Übungen verwendet, bringt einen dem gewünschten Ziel näher. Jede kleinste Bemühung trägt ihr Atom zu unserem Kraftzuwachs bei, ob wir jetzt unser ganzes Kraftvolumen oder nur die für die betreffende Verrichtung gebrauchte Kraft einsetzen. Und kein Atom an vermehrter Konzentrationskraft geht je verloren. Wir brauchen sie jeden Augenblick für unsere alltäglichen Geschäfte. Wir brauchen sie, um unseren Geist davon abzuhalten, von der Tätigkeit, die wir gerade verrichten, auf andere Dinge abzuschweifen.

Wie lange vermögen wir unsere ganze Denkkraft auf

eine einzige Verrichtung zu konzentrieren? Wer kann drei Knoten in eine Schnur knüpfen und seine ganze Aufmerksamkeit auf diese drei Knoten richten, ohne dass ihm ein anderer Gedanke dazwischenkommt? Mancher wird hier sagen: «Ich kann den Knoten ebensogut knüpfen, wenn ich dabei an viele andere Dinge denke!» Möglich. Aber wer von uns kann die drei Knoten knüpfen und dabei ausschliesslich an Knoten denken? Ist unser Geist nicht daran gewöhnt, abzuschweifen und im Laufe einer Minute an ein Dutzend verschiedener Dinge zu denken, so dass wir nicht mehr imstande sind, ihn zehn Sekunden hintereinander auf eine einzige Sache zu richten?

Das sind keine Belanglosigkeiten. Wenn wir uns darin üben, unsere Denkkraft auf irgendeine Handlung zu konzentrieren, üben wir uns gleichzeitig darin, unseren ganzen Geist, unsere ganze Denkkraft auf alle Handlungen zu konzentrieren. Wenn wir uns darin üben, zur gleichen Zeit nur an eine einzige Sache zu denken und unseren Geist nicht von ihr abschweifen zu lassen, üben wir uns, den ganzen vollen Kraftstrom dorthin zu lenken, wo wir ihn gerade brauchen: in unsere Rede, wenn wir sprechen, in unsere Geschicklichkeit, wenn wir uns handwerklich betätigen, in unsere Stimme, wenn wir singen, auf unsere Finger, wenn wir ihre Gewandtheit benötigen, kurz: auf jeden Teil unseres Körpers, auf jedes Organ, auf jede Funktion unseres Wesens, die wir gerade in Anspruch nehmen.

Vielleicht sagt jetzt jemand: «Ach, das ist nur eine andere Art, zur Sorgfalt zu ermahnen.» Richtig. Aber tatsächlich wissen viele gar nicht, wie man es anfängt, sorgfältig und genau zu sein. Sehen wir nicht täglich, wie Menschen ihre Beine mit möglichst geringem Kraftaufwand durch die Strassen treiben, während ihre Gedanken, Pläne, Wünsche, Vorsätze ihnen weit voraushasten? Und dann wundern sich diese Menschen, warum sie so vieles vergessen, warum sie so viele Fehler machen, warum so viele kleine Einzelheiten ihrer Arbeit ihnen lästig sind; oder sie machen verdriesslich weiter und werden nie wach genug, um sich auch nur zu wundern!

Ist das nicht praktische Philosophie? Reden wir nicht von praktischen Dingen? Vielleicht haben wir morgen eine schwierige Besprechung, von der lebenswichtige Dinge abhängen, mit einem gerissenen, schlauen Geschäftsmann, der Willenskraft und Klugheit genug besitzt, um unser Denken zu verwirren, uns hereinzulegen. Brauchen wir dann nicht jedes verfügbare Atom unserer Kraft, um mit ihm fertigzuwerden?

Wenn wir die Fähigkeit ausbilden, unsere ganze Kraft auf einen Brennpunkt zu konzentrieren, bilden wir gleichzeitig die Fähigkeit aus, unsere ganze Denkkraft von einem Gegenstand auf ei-

14

nen anderen zu lenken. Das bedeutet auch, dass wir unseren ganzen Geist von einem unangenehmen Gegenstand zu lösen und auf einen erfreulichen zu richten vermögen, so dass wir einen Kummer über einer beglückenden Tätigkeit vergessen können. Kummer, Enttäuschung, Trauer über Verlorenes und Mutlosigkeit schädigen und töten viele Menschen.

Vielleicht sagen wir einem Trauernden: «Du solltest nicht immer daran denken, du musst dich ablenken.» Aber sagen wir ihm auch, wie er es anfangen soll, seinen Geist von den betrüblichen Dingen abzulenken?

Geistig behinderte oder zurückgebliebene Kinder können nur schlecht etwas mit der Hand ergreifen und festhalten. Eine Übung, die zu ihrer Ausbildung dient, besteht darin, mit beiden Händen eine über ihrem Kopf befindliche Stange zu packen und sich daran eine steile schiefe Ebene rücklings hinaufzuziehen. Es dauert oft viele Wochen, ehe sie das können. Ihr schwacher Geist ist nicht imstande, seine ganze Denkkraft auf die Hände zu konzentrieren und zur gleichen Zeit nur eine Handlung zu verrichten. Langdauernde einseitige Konzentration ist aber nicht nur bei geistig Behinderten wenig effektiv.

Wenn ich mit einem Arm einen Schleifstein drehe, erschöpft sich nach einer gewissen Zeit die Kraft einer bestimmten Muskelpartie. Wenn ich nun aufhöre, mit dem Arm zu drehen und statt dessen ein Pedal mit dem Fuss betreibe, ruhen sich meine Armmuskeln aus. Die Kraft kehrt in sie zurück, und ich kann den Stein eine Zeitlang wieder mit dem Arm drehen. Ein ähnliches Gesetz gilt auch für jede Art geistiger Anstrengung. Wir vertiefen uns zum Beispiel in einen bestimmten Gegenstand, einen besonderen Plan oder Vorsatz. Wir befassen uns die ganze Zeit damit, wir können nicht aufhören, daran zu denken. Wird er uns dadurch immer klarer? Kommt es nicht häufig vor, dass unsere Gedanken durcheinandergeraten? Drehen wir nicht den besagten Schleifstein mit unseren geistigen Muskeln – unserem Gehirn –, bis es ganz erschöpft ist und immer nur die gleichen alten Gedanken zu dem Thema hervorbringt?

Was ist da zu tun? Wir brauchen Ruhe für das, was wir Gehirnmuskeln nennen könnten. Wie ist das zu machen? Auf eine einzige Art – indem wir die gesamte Denkkraft eine Weile lang auf etwas anderes lenken. Jeder hat schon erfahren, dass die grösste Müdigkeit verschwindet, wenn man sich hinsetzen und mit einem sympathischen Menschen ein Stündchen lang schwatzen kann; dann fühlen wir uns gänzlich ausgeruht, frischer noch, als wenn wir, ohne die geringste Anstrengung zu machen, allein geblieben wären. Beim Plaudern haben wir uns erholt und ausgeruht, obwohl es doch einen gewissen Kraftaufwand erforderte. Unser ganzes Denken, unsere ganze Denkkraft, war während dieser Zeit in den Kanal des Gesprächs geleitet. Dieses Gespräch hat uns sozusagen von einem Denkgeleise auf das andere hinübergestellt. Unser Organismus – eine bewunderungswürdige Schöpfung! – besitzt nämlich die Fähigkeit, sich selbst zu reparieren und zu restaurieren. Wir mögen ihn noch so sehr anstrengen – sobald der in Anspruch genommene Teil wieder zur Ruhe kommt, macht er sich sofort an die Arbeit des Wiederaufbaus, und zwar mit feinerem, besserem Material als zuvor. Das Gespräch bildete also das Mittel, uns von einem Denkgeleise auf das andere zu versetzen. Können wir das gelegentlich auch ohne die Hilfe anderer tun? Sind wir imstande, unsere ganze Gedankenkette von einem Gegenstand zum anderen umzuschalten? Von einer Betätigung auf die andere? Von Überlegungen, wie unser Haus gebaut werden soll, zum richtigen Spitzen eines Bleistifts, ohne dass uns beim Spitzen ein Gedanke an das Haus käme? Können wir sechzig Sekunden hintereinander einen Bleistift spitzen, ohne an etwas anderes zu denken? *Wenn wir das einmal zustandebringen, bedeutet das einen grossen Fortschritt unserer Konzentrationsfähigkeit, das heisst unserer Fähigkeit, das, was wir zu tun haben, mit der ganzen erforderlichen Kraft zu vollbringen und den augenblicklich nicht gebrauchten Teil unserer Kraft für etwas anderes zu reservieren. Wenn wir das können, haben wir Anteil an der grössten Macht im Universum; wir sind nicht nur in der Lage, uns selbst immer glücklicher zu machen, sondern wir verstehen es auch, mehr und mehr zu vollbringen und das, was wir tun, immer besser zu tun. Wir beherrschen dann nämlich unseren eigenen Geist. Und niemand herrscht wirklich, solange er sich nicht selbst beherrscht!*

Wenn wir uns seelisch bedrückt fühlen, aber imstande sind, unser ganzes Denken auch nur eine Sekunde lang auf die Befestigung einer Nadel an unserem Anzug zu richten, sind wir eine Sekunde lang von unserem Kummer befreit; in dieser Sekunde haben wir sozusagen ein Atom Konzentrationskraft erworben.

Damit sind wir bereits auf dem Weg zur völligen Beherrschung unseres Denkens und unserer Stimmung. Bei den meisten Menschen beherrscht nämlich gegenwärtig die Stimmung das Denken. Wir sind wie die Wetterhähne – von jedem Windhauch abhängig. Wir können unserer guten, frohen Stimmung keine Stunde lang sicher sein. Sie kann jeden Augenblick in Mutlosigkeit, Bedrückung oder Gereiztheit umschlagen. Ein unvorhergesehenes Ereignis, ein widerwärtiges Individuum, die unfreundliche Bemerkung eines Freundes, die Botschaft eines Feindes, ja sogar ein flüchtiger Gedanke genügt, um sie von Grund auf zu verwandeln. Wie glücklich wären wir alle, vermöchten wir das Unangenehme zu vergessen! Wenn wir dabei verweilen – seien es Schulden oder persönliche Feindseligkeiten oder Liebeskummer –, schwächen wir Körper und Geist und damit unsere Fähigkeit, gegen das Unangenehme anzukämpfen. Trübe Gedanken sind wie trübes Wasser. Wir benötigen die Kraft, das trübe Wasser auszulassen und klares einzuleiten. Trübe Gedanken, ein von Ängsten und Sorgen geplagtes Gemüt zerstören die Kraft des Menschen; sie verblutet buchstäblich daran. Die Fähigkeit zu vergessen, die Gedanken in erfreuliche Bahnen zu lenken, ist ein Mittel, das die Blutung stillt und uns neue Kraft verleiht.

Fassen wir die Vorteile zusammen, die wir geniessen, wenn wir unsere ganze Geisteskraft auf die Vollbringung einer einzigen Sache richten:

Erstens: Wenn ein Nagel mit aller Sorgfalt, Genauigkeit und Präzision eingeschlagen wird, ist es ziemlich sicher, dass er gut halten wird.

Zweitens: Während wir ihn einschlugen, haben wir einige oder viele andere Teile unseres Geistes ausgeruht und sind jetzt um so besser imstande, sie zu gebrauchen. Wir sägen ein Brett besser entzwei, wenn wir vorher, beim Nageleinschlagen, nicht an Bretter gedacht haben. Wenn wir beim Nähen unsere Gedanken nur aufs Nähen richten, werden wir den Stoff besser zuschneiden, sobald es Zeit ist, zur Schere zu greifen. Aber «Nähen» und «Schere» denken oder «Zuschneiden» und «Nähen» im Kopf haben, das führt geradewegs zu Pfuschwerk und Fehlleistungen.

Drittens: Wenn wir alle Kraft, die zum Einschlagen des Nagels, zum Führen der Nadel und zum Handhaben der Schere notwendig ist, einzig auf die betreffende Tätigkeit richten, wenn auch nur zehn Sekunden lang, so vermehren diese zehn Sekunden unsere Konzentrationsfähigkeit und tragen ihr Scherflein zu unserem Vorrat an dieser Eigenschaft bei.

Viertens: Wenn wir uns so verhalten, erhöht sich unsere Fähigkeit, Freude aus jeder beliebigen Verrichtung und aus allen Verrichtungen zu gewinnen, seien sie jetzt geistiger oder körperlicher Natur. Wenn man «Gedanken in die Muskeln steckt», macht einem der Gebrauch der Muskeln Freude. Das ist das Geheimnis aller Anmut in den Bewegungen, aller Geschicklichkeit und Gewandtheit beim Arbeiten. Der anmutigste Tänzer ist der, der so viele Gedanken in seine Muskeln steckt, dass er darüber alles andere vergisst und völlig in seinem Tun und dem Ausdrücken der damit verbundenen Empfindungen aufgeht.

Durch solche Übungen vermehren wir ständig unsere Denkkraft, unsere Tatkraft, unsere Willenskraft, unsere geistige Klarheit. Wir sprechen gerne von universeller, allumfassender Liebe als höchster Erfüllung des irdischen Glücks. Muss aber allumfassende Liebe sich nicht ebenso auf Dinge und Handlungen erstrecken wie auf Menschen? Und wenn ich irgendeine Tätigkeit, die uns oder anderen zum Guten dient, als lästig empfinde, habe ich mich dann nicht, gerade mit dieser Tätigkeit, aus dem Bereich der allumfassenden Liebe entfernt?

Wir bekämpfen die Sünde, aber wir können auch sündigen, indem wir gegen die Sünde kämpfen. Wir können gegen Körper und Geist sündigen, auch wenn ihre Anstrengungen sich auf Rechtschaffenes richten. Wir können Körper und Geist bei der Vollbringung einer edlen Tat ebenso missbrauchen wie bei der Vollbringung einer schlechten – und die Strafe ist die gleiche. Vielleicht sagt jetzt mancher: «Aber ich kann diese Idee nicht bei allem, was ich mache, verwirklichen. Ich habe zuviel zu tun, was mich zur Eile zwingt.» Das ändert nichts am Ergebnis. Die Gesetze unseres Daseins nehmen keine Rücksicht auf die Dinge, die uns zur Eile zwingen.

Wie aber sollen wir die Fähigkeit, uns auf jede einzelne Handlung zu konzentrieren, zurückerlangen, die uns doch durch unsere jahrelangen unbewusst schädlichen Gewohnheiten anscheinend gänzlich abhanden gekommen ist?

Wir müssen um sie beten, sie herbeiwünschen, sie herbeisehnen. Konzentration ist eine Eigenschaft; sie ist in den Elementen vorhanden. Öffnen wir ihr unseren Geist, und sie wird uns allmählich zuströmen. Denken wir von Zeit zu Zeit, vielleicht sogar in regelmässigen Abständen an das Wort *Konzentration*. Ein Wort ist stets das Symbol eines Gedankens. Indem wir, wenn auch nur sekundenlang, unseren Geist auf diesen Gedanken richten, verbinden wir uns mit dem universellen Strom konzentrierten oder konstruktiven Denkens und entnehmen ihm das gewünschte Element. Jedes Atom, das wir auf diese Weise heranziehen, bildet einen zusätzlichen Stein in dem soliden Fundament, das wir errichten. Es kann nie wieder verloren gehen, wenn es auch eine Weile dauern mag, bevor das Fundament sichtbar wird.

«Bittet, und es wird euch gegeben werden, klopfet an, und es wird euch aufgetan!»

Wir können bitten, während wir hinterm Ladentisch stehen; wir können anklopfen, während wir durch die Strassen gehen. Eine richtige, nützliche Bitte lässt sich innerhalb einer Sekunde formulieren, und die Sekunden, die wir auf diese Weise verwenden, sind die rentabelsten. Wenn sie uns auch nicht den ganzen Diamanten eintragen, bringen sie doch Diamantenstaub, und aus solchem Staub baut sich der Edelstein innerlich auf.

WIE MAN GESUND UND SCHÖN BLEIBT

Unsere Gedanken formen die Züge unseres Gesichts und verleihen ihm seinen eigentümlichen Ausdruck. Unsere Gedanken bestimmen die Haltung, die Bewegungen und die Gestalt unseres ganzen Körpers.

Die Regeln zur Erlangung von Schönheit sind die gleichen wie zur Erlangung vollkommener Gesundheit. Beides hängt ausschliesslich von unserer Geisteshaltung ab; mit anderen Worten: von der Art der Gedanken, die wir aussenden und aufnehmen.

Hässlichkeit bei jungen wie bei alten Menschen rührt von der unwissentlichen Überschreitung eines Gesetzes her. Jedweder Verfall des menschlichen Körpers, jede Form von Schwäche, jeder abstossende Zug in der äusseren Erscheinung des Menschen ist das Produkt seiner vorherrschenden Geisteshaltung.

Die Natur hat uns etwas eingepflanzt, was manche Instinkt nennen. Wir nennen es die verborgene Vernunft, denn es ist nichts anderes als die Eigenart unserer feineren Sinnesorgane – also unserer äusseren, körperlichen Sinne –, alles, was missgestaltet ist oder Anzeichen von Verfall zeigt, abstossend und widerwärtig zu finden. Das ist die der menschlichen Natur angeborene Neigung, das Unvollkommene zu meiden und das relativ Vollkommenere zu suchen und zu lieben. Unsere verborgene Vernunft hat recht, wenn sie Runzeln und Klapprigkeit und jede andere Form von körperlichem Verfall hässlich findet; es ist das gleiche Recht, nach dem wir ein beschmutztes oder zerrissenes Kleidungsstück hässlich finden. Der Körper ist tatsächlich das Kleid unseres Geistes und gleichzeitig das Werkzeug, dessen sich der Geist bedient. Die gleiche verborgene Vernunft, die bewirkt, dass uns ein gesunder, wohlgestalter Körper gefällt, lässt uns auch Wohlgefallen für ein geschmackvolles neues Kleidungsstück empfinden.

Seit urdenklichen Zeiten hat man unzähligen Generationen vor uns eingeredet, es wäre eine unentrinnbare Notwendigkeit, ein in alle Ewigkeit feststehendes Naturgesetz, dass unser Körper nach einer bestimmten Lebensspanne welk und missgestalt werden und sogar unser Geist mit den Jahren versagen müsse. Man hat uns immer wieder erklärt, unser Geist besässe nicht die Macht, den Körper zu erneuern, ihn umzugestalten und ständig frisch zu erhalten.

Dass der menschliche Körper altern und verfallen müsse, wie er es seit ewigen Zeiten getan hat, ist ebensowenig ein unerschütterliches Naturgesetz, wie es eines ist, dass er nur in der Postkutsche reisen könne, weil er das eben vor sechzig Jahren ausschliesslich so getan hat, oder dass Nachrichten nur brieflich vermittelt würden wie vor fünfzig Jahren, als es noch keinen Telegraphen

gab, oder dass wir nur durch den Pinsel eines Malers abkon-
terfeit werden könnten wie vor vierzig Jahren, als man noch nicht
entdeckt hatte, dass die Sonne ein Bild, ein veritables Abbild von
uns, auf eine zu diesem Zweck präparierte Platte zeichnen
kann.

Es ist die Arroganz der tiefsten Unwissenheit, wenn wir uns festzuschreiben erfrechen, was in der Naturordnung liege oder liegen werde. Angesichts unserer geringen Kenntnis der Vergangenheit ist es einfach dumm, mit belehrend erhobenem Zeigefinger ein Bild der Zukunft zeichnen zu wollen.

Wenn es stimmt, was unsere Geologen behaupten – dass unser Planet einst von unvergleichlich wüsteren, rauheren, gewaltsameren Kräften erfüllt war als heute und von gröberen, primitiveren pflanzlichen, tierischen und sogar menschlichen Formen und Organismen belebt war, so dass sein gegenwärtiger Zustand eine Verfeinerung und Veredelung der einstigen Lebensformen darstellt –, ist das dann nicht eine Andeutung, ein Hinweis, ja ein Beweis, dass die Zukunft ihm noch grössere Verfeinerung und Veredelung bringen wird? Eine Verfeinerung und Veredelung, die vielleicht jetzt schon im Gange ist? Und bedeutet eine solche Verfeinerung nicht auch eine Vermehrung der Kraft, wie ja der Stahl dem Roheisen an Kraft überlegen ist? Werden diese höheren und vorläufig noch kaum bekannten Kräfte nicht aus der bisher höchsten und kompliziertesten Lebensform, dem Menschen, hervorgehen? Sind denn wirklich alle im Menschen liegenden Fähigkeiten bereits bekannt? Hier in Amerika wie in allen anderen Ländern stellen sich heute zahllose denkende Menschen innerlich, heimlich, die folgende und manche ähnliche Frage: «Warum müssen wir welken und verfallen und alles einbüssen, worum es sich zu leben lohnt? Warum müssen wir dahingehen und sterben, gerade wenn wir endlich genug Erfahrung und Weisheit erlangt haben, um ein glückliches Leben zu führen?» Die Stimme des Volkes ist anfänglich immer nur ein Flüstern. Das Gebet, der Wunsch, das Verlangen der Massen wird zunächst immer nur heimlich geäussert; der Mensch wagt es kaum, seinem Nächsten ins Ohr zu raunen, weil er sich lächerlich zu machen fürchtet. Doch es ist ein Naturgesetz, dass jedes Verlangen, ob stumm oder laut ausgesprochen, das Gewünschte zum Teil herbeiführt und zwar im Verhältnis zur Intensität des Wunsches und der wachsenden Anzahl der Wünschenden; dadurch, dass so viele Menschen ihren Gedanken auf ein bestimmtes Ziel richten, setzen sie die stille Geisteskraft in Bewegung, die den gewünschten Erfolg herbeiführt, auch wenn diese Geisteskraft an den philosophischen Fakultäten dieser Welt noch nicht studiert wird. Wünschten sich nicht Millionen Menschen in aller Stille die Möglichkeit, rascher zu reisen, Nachrichten schneller mitzuteilen – und brachte uns das nicht die Dampfmaschine und den elektrischen Telegraphen? Bald werden andere Wünsche und Forderungen zu beantworten sein, Forderungen, die lautlos von den Menschenmassen erhoben werden. Bei den ersten Versuchen, sie zu beantworten und die Mittel zur Ausführung von vielem zu finden, was bisher als Unmöglichkeit oder Wahn galt, wird es Irrtümer und Dummheiten, Fehler und Torheiten, Versager, Zusammenbrüche und Lächerlichkeiten geben – genau wie es in den ersten Zeiten der Dampfmaschine zehnmal so viele Pannen und geborstene Dampfkessel gab als heute. Aber die Wahrheit geht, allen Fehlern und Irrtümern zum Trotz, immer geradeaus weiter und setzt sich schliesslich durch.

Es gibt zwei Arten von Alter – unser körperliches und unser geistiges Alter. Der Körper ist in gewissem Sinn nur ein Gewächs, eine Konstruktion des heutigen Tages für den heutigen Tag. Unser Geist ist ein Gewächs oder eine Konstruktion, die viele Millionen Jahre alt ist. Er hat im Laufe seines Wachstums viele Körper verbraucht. Er ist aus sehr kleinen Anfängen zu seinem gegenwärtigen Zustand, seiner Macht und seiner Fähigkeit, diese vielen Körper zu benützen, herangewachsen. Wir haben diese Körper einst auf viel rohere und gröbere Art benützt als jetzt. Wir haben ein Leben geführt, wie wir es heute nicht mehr ertragen würden, und zwar in Gestalten und Ausdrucksformen, die von den heute benützten sehr verschieden waren. Jeder neue oder junge Körper, den wir verbraucht haben, war ein neuer Anzug für unseren Geist. Was wir «Tod» nennen, ist nur das Unbrauchbarwerden dieses Anzugs. Wir nützen ihn ab, nicht so sehr, weil wir nicht die richtige Methode kennen, ihn instandzuhalten, sondern weil wir nicht fähig sind, ihn ständig mit frischem Material zu erneuern.

In Relation zum Ganzen gesehen, sind wir nicht jung. Unsere augenblickliche Jugend bedeutet, dass unser Körper jetzt gerade jung ist. Je älter der Geist ist, desto besser versteht er, die Jugendfrische und Beweglichkeit des Körpers zu bewahren. Je älter die Seele, desto grössere Kraft hat sie sich in ihren mannigfachen Existenzen erworben. Diese Macht können wir zur Bewahrung von Gesundheit, Schönheit, Körperkraft, von allem, was uns für andere anziehend macht, einsetzen. Unwissentlich können wir dieselbe Macht auch dazu verwenden, uns hässlich, ungesund, schwach, krank und abstossend zu machen. Je mehr Macht wir in die eine oder andere Richtung aussenden, in desto höherem Mass wird sie uns hässlich oder schön, kränklich oder gesund, abstossend oder anziehend wirken lassen; doch nur, was die eine, gegenwärtige Existenz betrifft. Letzten Endes müssen wir, wenn nicht in dieser, dann in einer anderen Existenz, die Symmetrie von Körper und Geist erreichen, denn die Entwicklung unseres Geistes, die in der Entwicklung unseres Körpers von primitiveren zu höheren Formen nur ein grobes Gegenstück findet, führt naturgemäss zum Höheren, Feineren, Besseren und Glücklicheren hin.

Die Macht, von der wir hier reden, ist unser Denken. Jeder unserer Gedanken ist etwas ebenso Reales wie ein Baum, eine Blume, eine Frucht, wenn wir ihn auch nicht mit unserem körperlichen oder äusseren Auge wahrnehmen können.

Unser Geist wirkt unaufhörlich auf unsere Muskeln ein und gestaltet ihre Form und die Art ihrer Bewegung, wie es seinem eigenen Wesen entspricht.

Wenn unser Denken stets entschieden und bestimmt ist, wird auch unser Schritt fest und entschieden sein; unsere ganze Haltung, unser Gehaben und Gebahren wird zeigen, dass wir meinen, was wir sagen.

Ist aber unser Denken ständig unentschieden und schwankend, dann zeigt sich das in der Unentschiedenheit unserer Bewegungen, in unserer Haltung, in der Art, wie wir unseren Körper gebrauchen, und das wird nach einer gewissen Zeit den Körper ausgesprochen missgestaltet erscheinen lassen. Es ist genau das gleiche, wie wenn wir in gehetzter Stimmung schreiben: dann erzeugt unser hastiges Denken missgestaltete Buchstaben und manchmal auch missgestaltete Ideen, während eine ruhevolle Stimmung, ein ruhevoller Geist wohlgestaltete, anmutige Schriftzüge und ebenso wohlgestaltete, anmutige Ideen hervorbringt.

Wir denken uns jeden Tag in eine bestimmte Stimmung und einen bestimmten Gesichtsausdruck hinein. Wenn unsere Gedanken vorwiegend fröhlich sind, werden wir auch fröhlich aussehen. Falls wir die meiste Zeit in mürrischer, verdriesslicher, unzufriedener Stimmung verbringen, werden unsere Gedanken unser Gesicht in hässliche Falten legen. Sie werden unser Blut vergiften, unsere Verdauung zerrütten und unseren Teint ruinieren. Wir erzeugen dann nämlich in unserem ureigenen, unsichtbaren geistigen Laboratorium ein unsichtbares, giftiges Element – eben unsere Gedanken. Wenn wir dann diese Gedanken aussenden, das heisst, sie denken, ziehen sie nach dem unabdingbaren Naturgesetz die Gedankenelemente der gleichen Art von anderen Menschen an. Sobald wir unseren Geist bedrückten oder gereizten Gedanken auftun, ziehen wir das Gedankenelement der Bedrücktheit oder Gereiztheit von jedem bedrückten oder gereizten Menschen in unserem Wohnort an uns. Wir laden unseren Magneten, unseren Geist, mit einem Gedankenstrom destruktiver Tendenz auf und schliessen damit alle anderen Gedankenströme von Bedrücktheit oder Gereiztheit an unsere Gedankenbatterie, unseren Geist an. Das ist ein Naturgesetz. Wenn wir an Mord oder Diebstahl denken, setzen wir uns nach dem gleichen Gesetz mit jedem Dieb und Mörder der Stadt in geistige Verbindung.

Unser Geist kann unseren Körper krank oder gesund, kräftig oder schwach machen, je nach den Gedanken, die er aussendet, und nach der Wirkung, die das Denken anderer Menschen auf ihn ausübt. Wenn man in einem vollgedrängten Theater «Feuer!» ruft, werden Dutzende Menschen zitternd, wie gelähmt vor Angst dasitzen. Sie wissen nicht, ob es sich nicht um einen falschen Alarm handelt. Der blosse Gedanke an Feuer hat ihren Körper so erschreckt, dass er seine Kraft eingebüsst hat.

Der blosse Gedanke an Gefahr, die Angst, kann so mächtig auf den Körper einwirken, dass das Haar binnen weniger Stunden ergraut.

Zornige, verdriessliche, sorgenvolle oder gereizte Gedanken sind der Verdauung sehr schädlich. Ein jäher Schreck kann bewirken, das man keinen Bissen hinunterbringt oder dass der Magen das Essen wieder von sich gibt. Die Schädigung, die der Körper in verhältnismässig wenigen Fällen durch plötzliche Angst oder einen anderen ungünstigen Geisteszustand erleidet, wirkt sich – nach und nach und ganz langsam – auf Millionen Menschen überall in der Welt aus.

Magenkrankheiten kommen nicht so sehr von der Nahrung, die wir zu uns nehmen, als von dem Gemütszustand, in dem wir sie verzehren. Wir können das gesündeste Brot der Welt essen, aber wenn wir es in säuerlicher Stimmung tun, versäuern wir unser Blut und unseren Magen und bekommen schliesslich ein saures Gesicht. Wenn wir in ängstlicher Stimmung essen und uns die ganze Zeit Sorgen machen, wieviel wir essen oder nicht essen sollten und ob es uns nicht schaden wird, führen wir uns mit der Speise das Gedankenelement der Angst und Sorge zu, das uns langsam vergiften wird. Sofern wir aber beim Essen lebhaft, fröhlich, munter und gesprächig sind, verleiben wir uns Fröhlichkeit und Munterkeit ein, und diese Eigenschaften werden mit der Zeit zu einem Bestandteil unserer Persönlichkeit. Wenn hingegen die ganze Familie ihr Essen schweigend hinunterschlingt, wenn sich alle mit gezwungener oder resignierter Miene zu Tisch setzen, als dächte jeder: «Schon wieder diese Plage!»; wenn das Familienoberhaupt sich in seine geschäftlichen Sorgen oder seine Zeitung vertieft und sämtliche Morde und Selbstmorde, Raubüberfälle und Einbrüche der letzten vierundzwanzig Stunden verschlingt, während die Herrscherin des häuslichen Reichs sich in stumpfe Resignation oder kleinliche Haushaltsorgen versinken lässt — dann wird an diesem Tisch mit jedem Löffel Essen buchstäblich das Gedankenelement Sorge und Mord und

Selbstmord verzehrt, vor allem aber die krankhafte Sucht, auf allem Grässlichen und Abstossenden zu verweilen. Und als Folge davon wird das Essen keinem der Familienmitglieder am Tisch gut bekommen.

Wenn der Ausdruck eines Gesichts ständig finster ist, kommt das daher, dass sich hinter dem Gesicht finstere Gedanken verbergen. Wenn sich die Mundwinkel herabziehen, kommt das daher, dass die Gedanken, welche die Mundmuskeln beherrschen und formen, meistens finster und bedrückt sind. Wenn ein Gesicht abweisend dreinschaut und in keinem Menschen den Wunsch erregt, seinen Eigentümer näher kennenzulernen, zeigt das an, dass es Gedanken verbirgt, die der Eigentümer keinem anderen zu sagen und vielleicht nicht einmal sich selber zuzuflüstern wagt.

Eine ständige Gehetztheit, das heisst das Trachten, in Geist oder Gedanken an einem Ort zu sein, wohin der Körper noch nicht gelangt ist, lässt die Schultern nach vorn sinken, denn in dieser Stimmung schicken wir buchstäblich unsere Gedanken, unseren Geist, unser eigentliches, wenn auch unsichtbares Ich an den Ort, zu dem es unseren Körper mit aller Macht hinzieht; durch eine lebenslängliche Geisteshaltung dieser Art wird der Körper umgeformt. Ein «selbstbeherrschter» Mensch ist nie gehetzt; er beherrscht, er lenkt sein Denken, seinen Geist, seine Kraft vor allem auf sein augenblickliches Tun, das heisst auf den jeweiligen Gebrauch des Instruments, dessen sich sein Geist bedient, nämlich des Körpers. Die selbstbeherrschte Frau wird jede Bewegung anmutig ausführen, weil ihr Geist sein Instrument, den Körper, völlig in seiner Macht und Gewalt hat – und nicht in Gedanken eine Meile oder zehn Meilen entfernt ist und sich um etwas müht, sorgt oder bekümmert, was so weit vom Körper entfernt ist.

Wenn wir einen Plan für ein Geschäft, eine Erfindung, ein Unternehmen aufstellen, dann formen wir aus dem unsichtbaren Element unseres Denkens etwas, was zwar ebenfalls unsichtbar, aber dabei genau so wirklich ist wie jede eiserne oder hölzerne Maschine.

Kaum entstanden, beginnt dieser Plan oder Gedanke Macht in Form von weiteren unsichtbaren Elementen an sich zu ziehen, nämlich die Macht, sich in physischer, sichtbarer Substanz zu materialisieren. – Wenn wir hingegen ein Unglück befürchten oder in Angst vor einer Krankheit oder sonst einem Übel leben, bauen wir aus dem unsichtbaren Element unseres Denkens etwas auf, das dann, dem gleichen Gesetz der Anziehung entsprechend, destruktive, schädliche Kräfte oder Elemente auf uns herabbeschwört. So ist das Rezept für den Erfolg gleichzeitig das Rezept für das Missgeschick, je nachdem es angewendet wird – genau wie die Kraft, die im Arm eines Menschen steckt, einen anderen vor dem

Ertrinken erretten oder aber einen Dolch in sein Herz stossen kann. Sobald wir an irgend eine Möglichkeit denken, errichten wir im Geist eine Konstruktion, einen unsichtbaren Mechanismus, der hilfreiche oder schädliche Kräfte oder Elemente heranziehen wird, je nach dem Wesen der Gedanken, die wir aussenden.

Wenn wir erwarten, dass das Alter über uns hereinbrechen wird, und uns in Gedanken ein Bild oder eine Konstruktion unserer greisenhaften, verfallenen Person aufbauen, werden wir ganz bestimmt einmal diesem Bild gleichen. Wir gestalten uns selbst danach.

Wenn wir in Gedanken aus unsichtbaren Elementen den Plan für unsere eigene Hilflosigkeit und Vergreisung machen, wird dieser Plan weitere unsichtbare Gedankenelemente anziehen, die uns schwach, hilflos und vergreist machen. Wenn wir im Gegenteil planen, stets gesund, aktiv und lebenskräftig zu sein; wenn wir uns an diesen Plan halten und uns einfach weigern, altersschwach zu werden, und uns weigern, sämtlichen Menschen zu glauben, die uns versichern, dass wir alt werden müssten – *dann werden wir nicht altern.* Das geschieht nur, wenn wir glauben, es müsse so kommen, wie die Leute es behaupten.

Wenn wir im Geist unentwegt ein Ideal unserer starken, gesunden, tatkräftigen Person aufbauen, bauen wir uns ein unsichtbares Element ein, das ständig mehr Gesundheit, Kraft und Lebensfrische heranziehen wird. Wir können aus unserem Geist einen Magneten machen, der, je nachdem, Gesundheit oder Kränklichkeit anzieht. Wenn wir zum Beispiel gern an die starken Dinge in der Natur denken, an granitne Berge, brandende Meereswogen, unwiderstehliche Stürme, ziehen wir das Element der Stärke an.

Wenn wir uns heute in Gesundheit und Kraft aufbauen, morgen aber verzagen und alles Bauen sein lassen, zerstören wir trotzdem nicht, was wir im Geist schon errichtet haben. Was wir an positiven Elementen unserem Denken hinzugefügt haben, kann ihm nicht mehr verloren gehen; doch während der Zeit, in der wir verzagen, das heisst Schwäche herbeirufen, halten wir den Aufbau zeitweise auf. Und obwohl unser Geist durch den Zusatz an Gedankenelement entsprechend gestärkt wurde, ist er vielleicht noch nicht stark genug, um dem Körper rasch zu ersetzen, was wir ihm durch verzagte Gedanken geraubt haben.

Wenn wir also auf diese Weise Gesundheit herbeidenken, wenn wir uns unsere eigene Person als gesund, tatkräftig, ausgeglichen vorstellen oder sie bewusst idealisieren, müssen wir es beharrlich tun; die Beharrlichkeit und die Ausdauer solchen positiven Denkens ist der Grundstein von Gesundheit und Schönheit. Woran wir am meisten denken, das werden wir sein, davon werden wir am meisten besitzen.

36

Hier werden viele Leser ungläubig den Kopf schütteln. Aber es ist doch so. Der Kranke, der sein Lager nicht zu verlassen vermag, denkt nicht: «Ich bin stark!» Er denkt vielmehr: «Ach, ich bin so schwach!» – Der Magenkranke sagt nicht: «Ich will einen gesunden Magen haben!» Er sagt ständig: «Ich vertrage kein Essen mehr!» Und er verträgt wirklich nichts mehr – eben, weil er davon überzeugt ist!

Wir neigen dazu, eher unsere Krankheiten zu pflegen als uns selber. Wir lassen unsere Krankheiten so gern verhätscheln und verwöhnen! Wenn wir stark erkältet sind, sagt unser Husten, ohne dass wir es wissen, zu unseren Mitmenschen: «Heut muss ich euch leidtun! Es geht mir so schlecht!» – Wüssten wir dagegen unseren Körper richtig zu behandeln, würde unser eigener Geist und jeder Geist in unserem Umkreis dem Element der Schwäche in uns befehlen: «Verlass diesen Körper!» – und die stumme Kraft einiger auf diesen Wunsch gerichteter Geister würde die Schwäche austreiben. Sie würde aus uns «ausfahren» wie Satan, als der Mann aus Nazareth es ihm gebieterisch befahl. Erkältungen und alle anderen Erkrankungen sind sozusagen nur andere Formen eines solchen Satans und gedeihen durch gute Pflege. Kraft und Gesundheit sind ebenso ansteckend wie die Masern!

Was würde nicht mancher Erwachsene für ein paar

Gliedmassen voller Spannkraft und Beweglichkeit geben, wie sie ein zwölfjähriger Junge besitzt! Zwei Beine, die einen Baum erklettern, über einen Zaun springen und laufen und rennen könnten, weil sie gar nicht anders können! Wenn solche Glieder fabriziert und auf den Markt gebracht würden, wie würden sich doch die korpulenten Damen und Herren darum reissen, die so schwerfällig in ihren Wagen einsteigen und aus ihrem Wagen aussteigen, als wäre ihr Körper eine Tonne schwer! Wie kommt es, dass die Menschheit sich beinahe widerspruchslos mit wachsender Schwerfälligkeit, Langsamkeit und Steifheit abfindet, die sie schon in mittleren Jahren zu überfallen beginnt? Ich glaube, wir trösten uns damit, dass wir unsere Trägheit Würde nennen. Natürlich darf ein Familienoberhaupt und Vater, ein Stimmbürger und eine Stütze des Staates nicht laufen und springen und herumhüpfen wie ein zwölfjähriger Bengel! Er darf nicht, weil er nicht kann. Und eine Dame, die vor lauter Würde nur noch watscheln kann, darf auch nicht mehr herumhopsen wie ein zwölfjähriges Mädchen; eben weil auch sie es nicht mehr kann. Im Grunde setzen wir unsere Gebrechen wie Masken auf und humpeln damit herum, als sagten wir: «So muss man's machen, weil wir nicht anders können!» – Manchmal können wir es gar nicht erwarten, sie aufzusetzen, wie etwa das junge Herrchen, das sich ein Monokel vors Auge steckt und ein gesundes Organ vor der Zeit ruiniert, um schick oder gelehrt oder interessant auszusehen...

Es gibt immer mehr und immer neue Möglichkeiten in der Natur, in den Elementen, in und ausserhalb der Menschen. Sie sind so rasch da, wie der Mensch die in ihm und der Natur ruhenden Kräfte erkennt und nutzen lernt. Möglichkeiten und Wunder sind ein und dasselbe.

WIRF DEINE ALTEN KLEIDER WEG!

Unser Denken ist eine unsichtbare Ausstrahlung, die unaufhörlich von uns ausgeht. Sie wird zum Teil von der Kleidung absorbiert, und wenn wir unsere Kleider lange tragen, werden sie von Gedankenelementen durchtränkt. Jeder unserer Gedanken ist ein Teil unseres realen Ichs. Unser letzter Gedanke ist ein Teil von unserem letzten, neuesten Ich. Wenn wir alte Kleider tragen, resorbiert unser neuestes, letztes Ich wieder das alte Denken, das wir längst ausgestossen hatten, weil unsere Kleider damit getränkt sind. Dann kann es sein, dass unser neuestes, unser heutiges Ich von einer zornigen, gereizten oder angstvollen Stimmung, wie wir sie damals in unsere Kleidung ausstrahlten, wieder etwas in sich aufnimmt, so dass wir unser neueres, heutiges Ich mit dem toten alten Ich vom letzten Monat oder vom letzten Jahr belasten.

Wir können an jedem Tag ein neuerer Mensch sein als am Tag vorher und sollten dieses Neu- und Frischsein so wenig wie möglich mit dem Alten vermengen. Was unser altes Kleid so unbehaglich erscheinen lässt, ist dieses Gefühl des Gestorbenseins, das es unserem Geist einflösst. Das gleiche Gefühl macht uns ein neues Kleid angenehm und erfrischend. Wir legen dann eine neue, stoffliche Hülle oder

Haut an, die noch nicht mit den Gedankenausstrahlungen vom letzten Monat oder letzten Jahr angefüllt und beschwert ist.

Es trägt uns also nur einen Kraftverlust ein, wenn wir aus Sparsamkeitsgründen alte Kleider – mit anderen Worten: einen Teil unseres toten alten Ichs – anlegen. Nicht einmal eine Schlange würde aus Sparsamkeitsgründen in ihre abgeworfene alte Haut zurückkriechen. Die Natur trägt nie ihre alten Kleider. Die Natur spart nicht nach Menschenart am Gefieder eines Vogels, am Pelz eines Vierfüssers, an den Farben einer Blume. Täte sie das, dann wären alle Dinge dieser Welt wie alte Röcke und Hosen anzusehen, und Gottes Firmament hätte die Farbtöne eines Trödlerladens.

Es ist gesund, unter vielen bunten Farben zu leben. Was das Auge erfreut, tut dem Geist wohl, und was dem Geist wohltut, schenkt dem Körper Kraft.

Wo es früher, vor bloss zwanzig Jahren, für unsere Kleidung und Wohnungseinrichtung allenfalls *einen* Farbton gab, stehen heute wohl zehn neue Schattierungen zur Verfügung. Das ist eines der vielen Anzeichen für die wachsende Geistigkeit unseres Zeitalters. Geistigkeit umfasst nämlich auch eine schärfere Wahrnehmungsgabe und eine höhere Wertschätzung alles Schönen. Einem stumpfen Geist machen die prachtvollen, ständig wechselnden Farbtöne des Sonnenuntergangs keinen Eindruck, während ein geistiger Mensch davon hingerissen und bezaubert ist. Geistigkeit bedeutet einfach die Fähigkeit, an mehr und mehr Dingen Freude zu finden. Es ist nur eine andere Bezeichnung für den Himmel, nach dem sich alle menschliche Natur sehnt, um ihn schliesslich einmal zu verwirklichen – den Himmel des Geistes, in dem jeder Augenblick Genuss ist und aller Schmerz auf ewig vergessen.

Die mannigfaltigen Farben der weiblichen Kleidung existierten sämtlich schon vor vierzig Jahren; sie wurden alle von irgendeiner Pflanze oder Blume, irgendeinem Vogel oder Tier getragen, doch das rohere Auge jener Zeit hatte sie noch nicht entdeckt. Sobald wir sie entdeckt hatten, wünschten wir zunächst, sie nachzuahmen. Wir ahmten sie auch wirklich nach, und bereits jetzt ist das gleiche, mehr und mehr vergeistigte Auge im Begriff, immer neue Schattierungen und Nuancen zu entdecken, die es nachzuahmen gilt. Und das wird ohne Zweifel auch gelingen, denn wenn viele Menschen ihre Gedanken oder Wünsche auf eine bestimmte Leistung richten, dann werden sie diese Leistung vollbringen.

Die gleiche gesteigerte Vergeistigung und Verfeinerung unserer Gattung bewirkt auch eine grössere Mannigfaltigkeit der Kleidung in Farbe und Schnitt; sie gewährt der Lunge, den Gliedmassen und den Muskeln grössere Bewegungsfreiheit und dem Einzelnen eine grössere

Auswahl. Das gilt besonders auch für die Kleidung, die heute von Männern und Frauen beim erholsamen Freizeitsport getragen wird.

Der Ausdruck «in die Kleider eines anderen schlüpfen», um zu besagen, dass man die Stellung oder Macht eines anderen Menschen übernimmt, ist mehr als eine bildliche Redensart. Wenn man das Kleid eines wahrhaft überlegenen Menschen anzieht, kann man etwas von seinem überlegenen Ich oder Geist absorbieren. Tragen wir aber das Gewand eines rohen, groben, vulgären Menschen, wird sicher etwas von seiner Rohheit auf uns übergehen. Kleider können die Ansteckungskeime der gemeinen Denkungsart übertragen, wie die einer Infektionskrankheit. Körperliche und geistige Ansteckung wird gleichermassen von der Kleidung aufgenommen und bedeutet so ziemlich ein und dasselbe.

Unsere Kleidung kann sich ebenso wie unser Körper ausruhen und erholen. Wenn man ein Kleid anlegt, das man einige Wochen oder Monate lang nicht getragen hatte, wird es einem zwar nicht völlig neu vorkommen, aber in gewissem Sinn doch nicht so abgetragen wie damals, als man es zum letztenmal trug. Wenn man es an die Sonne und an die frische Luft hängt, wird es mehr oder weniger von unseren alten Gedanken abwerfen – denn auch die Gedanken besitzen so etwas wie Gewicht, wenn es auch mit keiner stofflichen Waage fest-

44

zustellen ist. Wie jede andere Substanz sinken oder fliessen sie um so tiefer, je gröber sie sind. Aus diesem Grund wird man in der Kellerwohnung eines Hauses mehr Schlechtes oder Neigung zum Schlechten finden als in seinem obersten Stockwerk, und weniger Kühnheit und Edelmut in einer tiefgelegenen Sumpfgegend als unter Bergbewohnern. Hat dies nicht die Menschheitsgeschichte bestätigt?

Wenn aber die Gedanken dank ihrer erhöhten Geistigkeit einen gewissen Punkt, eine gewisse Beschaffenheit erreicht haben, werden sie nicht mehr vom Gesetz der Schwerkraft beherrscht, mit anderen Worten: sie unterliegen dann nicht mehr der Anziehung körperlicher Dinge und ziehen auch selbst keine mehr an. Sie gelangen unter die Herrschaft einer anderen Kraft, die von den Wissenschaftlern noch nicht erkannt ist. Wir wollen sie hier *die Anziehung des Emporstrebens* nennen. Die Gedanken, die in einen höheren geistigen Daseinsbereich ausgesandt werden, ziehen aus diesem Bereich ein Element an, welches bewirkt, dass der physische Körper immer weniger der irdischen Schwerkraft oder Neigung unterliegt. Dank dem Wirken dieses Gesetzes ging Christi irdischer Körper nicht im Wasser unter, und dank dieser Kraft fuhren Christus und der Prophet Elias körperlich in einen anderen Daseinsbereich auf.

Die Religion eines jeden Volkes ist das Gesetz, welches

das Leben dieses Volkes beherrscht und gestaltet. Es drückt sich in allen Sitten, Gebräuchen und Gewohnheiten aus. Eine solche Religion oder Lebensvorschrift kann je nachdem auf einer höheren oder auf einer tieferen Stufe stehen; und in dem Mass, als unser Planet ständig reifer und weiser wird, werden sich allmählich auch immer neue Gesetze und Wege entwickeln, welche die Menschen zu immer höheren und beseligenderen Glückszuständen führen.

Sämtliche Religionen und religiösen Formen, Riten und Zeremonien, welchem Glauben und welcher der allgemein bekannten Perioden der Weltgeschichte sie auch angehören mögen, wurden durch eine höhere Weisheit, durch eine mächtigere Geisteskraft, die dem Menschen nicht allgemein erkennbar und bekannt ist, eingeführt und festgelegt. Das letzte Ziel aller Religionen besteht darin, den Menschen zu der Lebensweise zu erziehen, die ihm am ehesten dauerndes Glücklichsein zu bringen vermag. In den alten wie in den neuen Glaubensbekenntnissen ist der Priester der am höchsten Strebende – oder sollte es zumindest sein: ein so hoch entwickelter Mensch, dass er auch im Gebet und im Emporstreben der Stärkste ist, der sichtbare Vermittler zwischen der niedrigeren und der höheren, der sichtbaren und der unsichtbaren Welt.

In jedem uns bekannten geschichtlichen Zeitalter trug

der Priester, ob er nun im Gotteshaus der alten jüdischen, der buddhistischen oder der katholischen Religion seines Amtes waltete, seine besondere priesterliche Tracht; dieses Gewand war einer ganz bestimmten Verwendung geweiht und durfte nicht unter der gemeinen Menschenmenge getragen werden, denn sonst hätte es die von ihr ausgestrahlten niedrigen Gedanken aufgenommen. Hätte der Priester es ständig getragen, wäre es auch von seinen eigenen wechselnden Stimmungen durchtränkt worden, denn Priester haben wie alle anderen Menschen Perioden, in denen das höhere Ich vorübergehend vom niedrigeren übermannt wird. Doch wenn der Priester das Gewand anzog, das nur für die dem Altar oder der Kanzel angemessene Heiligkeit und Feierlichkeit, Ruhe und heitere Gelassenheit bestimmt war und nur benützt wurde, wenn er sich dieser Stimmung oder Denkweise hinzugeben beabsichtigte, dann war es nur von dem hohen Geist durchtränkt, der seinem priesterlichen Amt entsprach.

Gemäss dem gleichen Gesetz erweist es sich als überaus nützlich und vorteilhaft, für bestimmte Zwecke und Beschäftigungen jeweils eine eigens dafür bestimmte Kleidung zu tragen. Ein Schauspieler fühlt sich viel besser in seine Rolle und in den von ihm verkörperten Charakter ein, wenn er das ihr entsprechende Kostüm trägt, und zwar umso besser, je öfter er den Part schon gespielt hat; denn dann wird das Gewand allmählich ganz vom Geist der Rolle durchtränkt, so dass der Spieler tatsächlich in die darzustellende Persönlichkeit hineinschlüpft. Wenn wir die Lumpen eines Bettlers überziehen, werden wir uns viel eher in den geduckten, gedemütigten Geisteszustand des Bettlers hineinfühlen. Wenn wir beim Studieren oder beim Ausüben einer Kunst immer nur ein bestimmtes (und zwar geschmackvolles) Kleid tragen, werden wir alles besser machen, weil unser Kleid mit dem Geist der betreffenden Tätigkeit oder Kunst gesättigt ist, und kraft dieser Sättigung können die unsichtbaren Wesen, die in dieser Kunst bewandert sind, uns nahe kommen und uns von ihrem Können mitteilen. Wenn wir hingegen Kleider anziehen, die wir zu jeder Arbeit und auch in unruhigen, trüben, niedrigen geistigen Sphären und Bereichen tragen, so errichten wir damit eine geistige Schranke zwischen uns und diesen hilfreichen Wesen, so dass sie uns weniger leicht erreichen können.

In dem Glauben, dass in einem Amulett oder Fetisch, in einer Heiligenreliquie oder in einem vom Papst geweihten Rosenkranz eine gewisse Macht oder Kraft stecke, liegt ein Körnchen Wahrheit. Jede materielle Substanz absorbiert von einem Menschen, der sie berührt oder getragen hat, und sei es auch nur einmal, einen Teil von dessen Geist oder Denken, den sie dann auf andere Personen übertragen kann; wenn es ein guter Geist ist, übt er eine gute Wirkung aus. Wenn wir den Ring anschauen, den wir von einem lieben Menschen erhalten haben, werden wir an diesen Menschen erinnert und senden ihm einen Gedankenstrom zu; und wenn der Mensch uns tatsächlich liebevoll zugetan ist, sendet er seine Gedanken, die uns helfen und wohltun, zu uns zurück.

Es ist ebenfalls von grossem Vorteil, sich ganz frisch anzuziehen, wenn man abends zum Essen oder ins Theater oder zu einer sonstigen geselligen Unterhaltung ausgeht; auch sollten alle Unterhaltungen am Ende des Tages stattfinden. Wenn wir die Oper oder eine Abendgesellschaft in unserem Geschäftsanzug aufsuchen, bringen wir in diesem Anzug einen Teil unseres geschäftlichen Ichs an einen Ort, wo alles Geschäftliche zeitweise vergessen und beiseite geschoben werden sollte, damit wir es am nächsten Tag mit frischer Kraft anpacken. Mit dem Geschäftsanzug schleppen wir mehr oder weniger von den geschäftlichen Dingen, die er tagsüber absorbiert hat, in die festliche Umgebung mit: Schweinefleisch oder Stockfisch, Kauf und Verkauf, Pachtzins und Miete oder alle anderen Sorgen, Ärgernisse, Befürchtungen und Schwierigkeiten, mit denen wir uns den ganzen Tag herumgeschlagen haben. In den Alltagskleidern fällt es uns schwerer, uns von den Alltagssorgen und -gedanken zu befreien, und dieser Geisteszustand wirkt unangenehm auf die Leute, mit denen wir zusammenkommen; ohne selbst zu wissen warum, werden sie uns nicht so sympathisch finden, wie wir ihnen gern erscheinen möchten.

Wir sollten uns aber auch in unserem Heim und im Kreise unserer Familie, in unseren Geschäfts- und Arbeitsräumen ebenso tadellos und geschmackvoll kleiden, wie wir es tun oder uns zu tun bemühen, wenn wir in Gesellschaft gehen. Es gibt für jede Tätigkeit einen passenden, geschmackvollen Anzug, und es bringt grossen Nutzen, ihn zu tragen. Wenn wir uns passend gekleidet *fühlen,* dann empfindet dies nicht unser Körper, sondern unser Geist als angenehm. Mittels dieser angenehmen Empfindungen zieht er jenes geistige Element an, das unsere Züge unseren Gedanken gemäss verändert. So verschönert sich unser Gesichtsausdruck entsprechend der geschmackvollen, passenden Kleidung, die wir tragen, denn letzten Endes formt sich der ganze Körper nach unserer Stimmung und unserem Geisteszustand.

Ein zerrissenes Kleid, ein schiefgetretener Schuh, ein schäbiger Hut, ein schmutziger Kragen – all das ruft unangenehme Empfindungen in uns wach. Zu lange getragene, schmutzige Unterwäsche ist uns widerlich und lästig. Der Geist hat an dieser peinlichen Empfindung teil, er fühlt sich davon ebenso betroffen wie der Körper. Dieses unangenehme Gefühl strahlen wir dann in Form von Gedanken ständig aus, und es verleiht unseren Zügen den entsprechenden wenig sympathischen Ausdruck.

Wer die meiste Zeit schlampig angezogen herumläuft, kann sich zu gesellschaftlichen Anlässen niemals mit der gewissen Eleganz und Tadellosigkeit kleiden, die auf andere Leute so angenehm wirkt, wenn sie auch nicht genau erklären können, was ihnen eigentlich daran gefällt. Wenn wir an schlampige Kleidung gewöhnt sind, wird auch unser Gesicht irgendwie einen schlampigen Ausdruck annehmen, denn das Gesicht formt sich immer nach dem vorherrschenden Geisteszustand. Ein Mensch, der die halbe Zeit lang etwas fürchtet, wird die ganze Zeit lang ängstlich aussehen. Ein Mensch, der seine Schuhe nachlässig schnürt, sich nur flüchtig kämmt, und dessen Kleidung nie ordentlich zugeknöpft ist, trägt auch ein nachlässiges Gesicht zur Schau. Wenn wir uns immer tadellos frisch und ordentlich angezogen fühlen, auch in Bezug auf die Kleidungsstücke, die man nicht sieht, ziehen wir sozusagen das Geisteselement von Ordnung, Tadellosigkeit und Anmut an, ob wir uns jetzt zum Schlafen, für die Arbeit, für die Küche, den Salon, für das Büro oder für eine Reise in eine andere Stadt kleiden. Dieses Element wird uns mehr und mehr durchdringen, bis es zu einem Bestandteil unserer Persönlichkeit wird.

Es ist Sache des Geistes, den Körper geschmackvoll und passend zu kleiden. Das Äussere kommt in Wahrheit von innen. Der verstörte Geisteszustand der Verrückten zeigt sich nicht zuletzt auch in ihrer unordentlichen oder phantastischen Aufmachung.

Je mehr wir uns dem Geist von Ordnung, Sorgfalt und Gefälligkeit auftun, desto mehr davon wird uns zufliessen. Und mit dem geistigen Element kommt uns auch mehr Fähigkeit zu, das Gewünschte zu vollbringen. Das geistige Element wird sich dann mehr und mehr in jeder Handlung ausdrücken und beweisen. Ordnung, Sorgfalt, Geschmack werden sich nicht nur im Schnitt unserer Kleider und in der Wahl der passenden Farben offenbaren, sondern in allem, was wir tun – in unserer Handschrift, in der Art, wie wir unseren Koffer packen, im Gang, in der Redeweise, in unserem ganzen Gehaben. Im Englischen wie auch im Französischen bezeichnet das Wort *grace* zugleich die Gnade Gottes und die Anmut eines Lebewesens. Die Anmut, die Grazie des Schauspielers, der Tänzerin, der echten grossen Dame ist aus Ordnung geboren, aus jener Geisteshaltung, die mit der Geschwindigkeit des elektrischen Funkens im voraus plant und übersieht, was sie auszuführen gedenkt, ob es sich jetzt um eine anmutige Verneigung oder um die Betonung eines Satzes handelt, die den durch die Worte ausgedrückten Gefühlen oder Gedanken erst ihre volle Bedeutung verleiht.

Farben sind der Ausdruck von seelischen Zuständen und Eigenschaften. Verzagtheit, Trauer, Trostlosigkeit wählt Schwarz. Unser Volk, das im Grunde seines Herzens an den Tod glaubt – das heisst, es betrachtet die Trennung von Leib und Seele als das Ende jeder Verbindung zwischen dem eigenen Geist und jenem, der früher den Körper benützte, – kleidet sich beim Ableben eines nahestehenden Menschen in Schwarz; das ist ein deutlicher Ausdruck der Hoffnungslosigkeit und ein Beweis für das Fehlen jeder klaren Idee vom Zustand und Aufenthaltsort der Verstorbenen. Die Chinesen, die den Tod nur dahin auslegen, dass dem Geist vorübergehend ein Körper verlorenging, tragen demgemäss Weiss zum Zeichen einer zeitweisen Betrübnis, noch gemildert durch das sichere Wissen, dass der geliebte Verstorbene ihnen, wenn auch dem Auge unsichtbar, so nah ist wie eh und je. Stumpfes, glanzloses Schwarz ist die Farbe von Stillstand und Verfall, es ist die vorherrschende Farbe, wenn wir von der Sonne, die uns Leben, Licht, Wärme und Freude schenkt, abgeschnitten sind. Dass heute bei uns soviel Schwarz getragen wird, ist kein Zufall, sondern symbolisch; es ist ein unmittelbares Ergebnis unserer mangelnden geistigen

Einsicht – mit anderen Worten: des Mangels an Leben, Licht und unentbehrlichem Wissen. Freilich, wir haben ein Schulsystem, das eine Menge Kenntnisse und Wissen vermittelt. Die Frage ist nur, wieviel von diesem sogenannten Wissen auch wirklich wissenswert ist und wieviel nicht. Wieviel von unserer modernen «allgemeinen Bildung» verleiht uns zum Beispiel die Kraft, etwas Nützliches zu vollbringen?

Was unsere Kleidung betrifft, wählt unser Geist stets die Farbe oder Farbenzusammenstellung, die unsere Geisteshaltung am deutlichsten ausdrückt. Wer gänzlich ohne Zweck und Ziel dahinlebt, wird anziehen, was ihm gerade in die Hand kommt – einzelne Kleidungsstücke, die nicht zusammenpassen, Flickwerk –, und sogar wenn er sich etwas Neues kauft, wird wieder nur Flickwerk herauskommen. Wer sich mit dem Gefühl, dass seine Jugend unwiederbringlich vorbei sei und er sich auf der absteigenden Linie befände, auf dem Weg in ein Dasein, aus dem alle Freuden und Lebenshoffnungen ausgeschlossen sind, den mittleren Lebensjahren nähert, der wird sich vermutlich schwarz kleiden, womöglich noch in verschossenes Schwarz, in die Farbe jener Menschen, die einzig die trostlose, bittere Seite des Lebens sehen wollen, Menschen, die der blosse Anblick der Jugend mit ihrer Fröhlichkeit und ihrer Liebe für bunte Farben unangenehm und närrisch dünkt und deren einziger Trost anscheinend in dem Bewusstsein besteht, dass die Jugend schnell entflieht und auch die jetzt jungen Menschen bald in einem ebenso harten, freudlosen und düsteren Leben stehen müssen wie sie selbst.

Bei uns wimmelt es von Menschen, die in ihrer Kleidung «heruntergekommen» sind. Sie bringen für das, was sie anziehen, wenig Interesse und Liebe auf. Sie stülpen sich einen Hut auf, sie schnüren sich den Hals mit einer Krawatte zu, weil es eben Brauch und Sitte ist, sowas zu tragen; aber sie würden sich schämen, Sorgfalt, Liebe und Interesse auf ihren Anzug zu verwenden, weil sie meinen, das schicke sich nur für die Jugend, die ja nun eben vergangen ist.

Das sind Anzeichen des Todes. Solche Menschen haben körperlich zu sterben begonnen. Sie sind «heruntergekommen», weil ihr Geist «heruntergekommen» ist. Es gehört nämlich zu den rechtmässigen, erfreulichen und *notwendigen* Betätigungen im Leben, den Körper, das Instrument, dessen sich der Geist auf dieser Erde bedient, passend und geschmackvoll zu schmücken. Damit verkündet der Geist äusserlich seinen inneren Zustand, und zwar mit unerbittlicher Wahrheit. Ein schäbiger Mantel, ein verschossenes, fleckiges Kleid lügen nicht. *Schlampige Kleidung bedeutet Lieblosigkeit des Körpers gegen sich selber. Er will sich nicht die kleine Mühe machen, die zur*

*Wahl der richtigen Kleider nötig wäre, und was der Körper ohne
Liebe und Freude tut, bringt ihm Schaden. In diesem Licht betrachtet, kann nicht einmal ein Millionär es sich leisten, einen
verschossenen Hut zu tragen.*

In dem Zustand, den wir Jugend nennen, besitzen wir
am meisten ursprüngliches Wissen oder Intuition, weil
unser Geist einen neuen Körper erhalten hat; dann ist
er bis zu einem gewissen Zeitpunkt von der alten, toten
Haltung befreit, wie sie von zahllosen ältlichen Menschen in seinem Umkreis durch das Befolgen der ewigen alten Gewohnheiten und Vorurteile offenbar wird.
Im Vollgenuss dieses ursprünglichen, natürlichen Wissens liebt die Jugend Scherz und Spiel. Sie schiebt die
Sorgen beiseite und schmückt sich gern. Sie schwelgt in
der Mannigfaltigkeit der Farben, wie die Natur es im
Pflanzenreich tut. Und die Jugend hat recht damit! In
der unbewussten Weisheit der Intuition ist sie weit klü-
ger als so viele ältliche Menschen, die ein verbissenes
Gesicht machen und jede Hoffnung auf neue Freuden
fahren lassen, weil sie das Gesetz des Daseins nicht kennen. Genau aus diesem Grunde empfahl Christus den
grämlichen Ältesten in Israel ein kleines Kind mit den
Worten: «Wenn ihr nicht werdet wie eines von jenen,
werdet ihr nicht in das Himmelreich eingehen.» Denn
mit jedem neuen Körper fühlt der Geist, mehr als er es
sieht, einen Schimmer seines künftigen himmlischen

Glückszustands – einen Schimmer, der meist gleich wieder durch die Absorption des weltlichen Denkens in seinem Umkreis verhüllt wird, zumindest für die Dauer dieses einen Erdenlebens.

Ich glaube, einige Leser in Gedanken sagen zu hören: «Wie können wir, die im Leben eine so schwere Bürde zu tragen haben, Zeit und Gelegenheit finden, uns für die verschiedenen Tätigkeiten und Tageszeiten verschieden zu kleiden?» – Darauf antworte ich: Ihr schafft das auf folgende Weise: Richtet eueren Geist, die Kraft, die euer unabdingbares Geburtsrecht ist, den Magneten, der immer die Elemente anziehen wird, nach denen ihr am meisten trachtet – richtet diesen Geist darauf, schweigend, aber mit aller Kraft zu verlangen, was ihr braucht; und mit der Zeit wird sich ganz von selbst die Gelegenheit bieten, es redlich zu erwerben. Weigert euch in Gedanken, minderwertige Kleider, minderwertiges Essen, minderwertige Wohnungen einfach hinzunehmen, ausser als Notbehelf, und das Bessere wird euch gewährt werden. Wenn ihr sagt: «Ach, ich werde es nie besser haben und nie besser machen als jetzt, und wenn sich schon etwas ändert, so wird es mir in einem Jahr höchstens noch schlechter gehen!» – wenn ihr solches denkt, so setzt ihr in Gedanken die geistige Kraft in Bewegung, die euch niederwerfen, niederdrücken und niederhalten wird. Sie wird bewirken, dass ihr zerlumpte Kleider anzieht und von zerlumpten Kleidern angezogen werdet. Richtet euren Geist darauf, dass ihr nur zweitklassige oder drittklassige Kleidung, Nahrung, Wohnung und Umgebung haben werdet, und das Zweit- und Drittklassige wird euch zu sich heranziehen und euch festhalten. Richtet ihr aber die magnetische Kraft eueres Geistes ständig auf den Wunsch, auf die *Forderung* nach dem Besten auf allen Gebieten, dann wird gemäss einem unwandelbaren, niemals irrenden Gesetz das Beste schliesslich zu euch gelangen.

Lenkt ihr eueren Geist beharrlich auf das Zweit- und Drittklassige, dann werdet ihr durch dieselbe unwiderstehliche Kraft in die Scharen von schäbigen und halbschäbigen Menschen hineingezogen, die sich bei den Versteigerungen um minderwertigen alten Kram zanken. Von dort schleppen sie knarrende Bettstellen nach Hause, rheumatische Kommoden, deren Schubladen nicht aufgehen wollen, wenn sie geschlossen sind, und sich nicht schliessen lassen, wenn sie offen stehen; Teppiche, schwer vom Staub ganzer Menschenalter und von Schlimmerem; alte Kleider voller Krankheiten und teuflischer Gedanken; altes Bettzeug, das noch den Geruch des darin verstorbenen Menschen atmet. Wenn ihr einmal in diesen Strom geratet, werdet ihr selbst zu einem Bestandteil dieses zweitklassigen Lebens und armseligen Daseins.

SCHLAFEN ALS ZWEITE EXISTENZ

Wir leben, handeln, geniessen und leiden in dem Zustand, den wir Schlaf nennen, genau wie im Wachen. Wir leben dort mit den feineren, geistigen Sinnen, die wir alle im Keim besitzen. Gesicht, Gehör, Geschmack und Tastgefühl unseres materiellen Körpers sind nur rohe Entsprechungen davon. Doch wenn beim Erwachen die körperlichen Sinne wieder die Herrschaft übernehmen, wird dieser Teil unseres Daseins für uns zu einem leeren Raum, weil das körperliche Gedächtnis gerade nur einige wenige Bruchstücke der Szenen und Ereignisse zu erfassen vermag, die sich abspielen, wenn der Körper nichts von sich weiss. Diese oft unzusammenhängenden, ungereimten, durcheinandergeworfenen Bruchstücke nennen wir Träume.

Unsere Träume sind die undeutliche Spur eines realen Lebens – des Lebens, das mit jenen Sinnen gelebt wird, die sich nur matt und undeutlich unserem körperlichen Gedächtnis einprägen.

Im Schlaf verbindet eine geistige Saite, ein silbernes Kettenglied, Körper und Geist, obwohl der Geist sich dabei weit vom Körper entfernen kann. Durch diese Saite sendet unser Geist dem Körper in seinem Schlaf einen Lebensstrom, guter oder schlechter Art, je nach der geistigen Welt, in der wir leben.

Der Tod, der Verlust des Körpers tritt ein, wenn diese Saite zerreisst. Falls der Geist einen Zustand erreicht, in dem ihm ständig neue Ideen und Wahrheiten zuströmen, dann wird die Saite stärker und stärker, bis sie nicht mehr zerreissen kann. Dann werden wir zu Quellen, die ins ewige Leben münden.

Dann leben wir zwei Leben, die ganz deutlich voneinander geschieden sind. Die Erinnerung an das eine ist jeweils im anderen erloschen. Das Leben, das unser Geist während des Schlafs führt, ist im wachen Zustand vergessen. Andererseits ist unser tägliches Dasein in unserem nächtlichen Dasein unbekannt. Der Mensch besteht nämlich seiner Natur nach aus zwei gesonderten Individuen, die nur eine blasse Ahnung voneinander haben. Wir leben täglich in zwei verschiedenen Leben, in zwei räumlich nahen Welten, die aber durch die Kluft zwischen Bewusstem und Unbewusstem weit voneinander getrennt sind.

Unser körperliches Gedächtnis weigert sich, unsere geistige Existenz zu registrieren. Wir haben aber auch ein geistiges Gedächtnis, das sich weigert, unsere körperliche Existenz zu registrieren. Das eine Dasein leben wir mit unserem Körper unter körperlichen Dingen, das andere ist ein Dasein unter geistigen Dingen, das wir mit unserem geistigen Körper und unseren geistigen Sinnen leben.

Denn, wie der Apostel Paulus sagt: «Es gibt einen körperlichen Leib, und es gibt einen geistigen Leib.» *Der geistige Leib lebt zur gleichen Zeit wie der körperliche Leib. Er lebt aber nach dem Verlust des körperlichen Leibes weiter, und er hat vor der Geburt unseres gegenwärtigen körperlichen Leibes existiert.*

Bei Tag und bei Nacht, wachend und schlafend, sind wir zwei Personen, die einander fremd sind, aber den gleichen Geist teilen. Wir sind wie eine Person mit zwei getrennten Leben und zwei getrennten Sinnessystemen, die diesen Leben entsprechen. Bei Tag benützt unser Geist seinen Körper wie ein Mensch, der ein grobes Gewand anlegt, um in ein Bergwerk einzufahren. In seinem anderen, nächtlichen Dasein benützt er diesen Körper nicht, glaubt aber, er tue es; aus Unwissenheit hält sich das geistige Wesen in seinem geistigen Leben nämlich für ein körperliches Wesen, und darum urteilt und argumentiert es gänzlich vom Standpunkt seiner körperlichen Sinne aus. Bei der Höherentwicklung unseres Wesens werden wir schliesslich mit den feineren und weit stärkeren geistigen Sinnen urteilen und Schlüsse ziehen, die ganz anders arbeiten und viel weiter reichen als die minderen Sinne, die an die Beschränkungen des körperlichen Leibes gebunden sind.

Kolumbus entdeckte eine neue materielle Welt. Aber in jedem von uns liegt eine halbe Welt, ein halbes Leben, eine halbe Existenz, die zuerst einmal entdeckt und hierauf bebaut, verbessert und buchstäblich aus der Dunkelheit gehoben werden muss.

Wenn unser Geist oder unser Denken in diesem oder einem anderen körperlichen Dasein immer grösser und mächtiger anwächst, werden in jedem von uns diese beiden Welten oder Existenzen verschmelzen, so dass wir bewusst in beiden Daseinsformen leben.

Hartnäckiges Verlangen oder Gebet bringt uns mehr Wissen um die Geheimnisse des Lebens, und Wissen verleiht unserem Geist höhere Macht. Pausenloses Gebet (das heisst: der hartnäckige Wunsch, die Wahrheit zu erfahren) wird allmählich offenbaren, dass diese grosse Macht in jedem von uns im Keim vorhanden ist, und dass das Leben etwas gänzlich anderes ist, als wir heute meinen.

Dann werden wir uns unserer beider Leben bewusst und zwar glücklich bewusst sein. Doch gegenwärtig würde dieses Bewusstsein uns nur wenig oder gar nicht beglücken, denn noch neigen wir aus Unwissenheit dazu, uns im Schlaf in eine Welt zu verirren, die mit ihren Sorgen und Kümmernissen, ihrem Zorn und ihrer Unbeherrschtheit der unseren allzu ähnlich ist. Zum Glück bringen wir daraus nur wenige Erinnerungen in unser körperliches oder waches Gedächtnis zurück, sonst wäre das Leben doppelt so schwer!

Wenn wir uns im Schlaf in eine niedrigere geistige Welt verirrt haben, bringen wir oft die schädlichen Folgen in die körperliche Welt zurück. Zwei Stunden Schlaf, in denen der Geist in den reineren Gefilden des Geisteslebens verweilt, erquicken den Körper weit mehr als zehn Stunden in seinen Niederungen!

Der Schlaf ist ein Zustand der unbewussten Ruhe und Erholung für unsere körperlichen Sinne, doch das gilt nicht für unser anderes, geistiges Wesen mit seinen geistigen Sinnen. Das Auge, das im Traum so weit sieht, wie der Gedanke reicht, ist nicht das körperliche, sondern das geistige Auge; es fängt zu sehen an, wo das Denken aufhört, es ist sozusagen ein «Auge am Ende des Denkens». Ebenso ist das Ohr, mit dem wir im Traum hören, ein geistiges Ohr, ein Organ, dessen Hörvermögen nicht auf einen bestimmten Raum beschränkt ist.

Die körperlichen Sinne – Tastgefühl, Geschmack, Sicht und Gehör – vermögen sich im Lauf des vierundzwanzigstündigen Tages höchstens zehn bis zwölf Stunden auf der Höhe ihres Wahrnehmungsvermögens zu halten. Falls unser Körper zwei, drei Tage wacht, verwirren und trüben sich alle seine Sinne.

In dem Zustand, den wir Schlaf nennen, strömt unseren körperlichen Sinnen Nahrung und Erquickung aus dem geistigen Reich zu, dem wir angehören. Während wir schlafen, schweift unser Geist in die uns zugehörige geistige Welt und verweilt darin.

Aus diesem Bereich kehrt er, mit dem ihm eigentümlichen Denken oder Gedankenelement erfüllt, in den Körper zurück. Je nach seiner Beschaffenheit kann dieses Denken dem Körper Kraft oder Schwäche, Gesundheit oder Krankheit vermitteln. In dem Mass, als unser Geist vom reinen, edlen Wunsch erfüllt ist, das Gute und Rechte zu tun; vom Wunsch nach immer grösserer Kraft, allen Menschen Gutes zu tun; vom Wunsch nach immer stärkerem Glauben an die grossartigen Möglichkeiten des Daseins und an die Möglichkeit eines körperlichen Daseins, das nicht nur frei von Leiden und Krankheit ist, sondern an Kraft, Frische und Jugendfrische ständig zunimmt –, in diesem Mass wird der Geist seinem Körper tatsächlich mehr und mehr Kraft, Gesundheit und Jugendfrische zurückbringen.

Falls der Geist aber niedrig und eng ist, von neidischen, eifersüchtigen Gedanken erfüllt, falls er nur an die materielle Welt glaubt, die sein Körper sieht und fühlt, und er daher glaubt, dass sein ganzes Wesen zu Verfall und Tod verurteilt ist –, dann bringt ein solcher Geist, während sein Körper schläft, aus der ihm eigenen Welt nur die Elemente von Verfall, Tod und Schwäche zurück.

Schlafen heisst nicht immer Ausruhen. Ein verstörter, angstvoller, besorgter oder zorniger Geist entflieht, sobald sein Körper das Bewusstsein verliert – und sofern nicht ein Gebet oder Verlangen nach Frieden und Kraft eingreift –, in ein Reich der Verwirrung und bringt daraus dem erwachenden Körper das Element der Verwirrung mit, so dass ihn dann in den wachen Stunden Verwirrung und Angst beherrschen.

Gleichermassen steigt der Geist, der gern bei der Krankheit verweilt, im Schlaf in die niedrigeren Bereiche der Krankheit hinab und bringt dem Körper nur die Idee und das Element der Krankheit zurück.

Darum müssen wir vor dem Einschlafen unseren Geist nach Möglichkeit mit Gedanken an die Gesundheit beschäftigen. Wenn der Körper irgendwie leidend oder erkrankt ist, müssen wir uns in Gedanken sagen: «Nur das Instrument, das ich benütze, ist krank. Ich bin, was ich denke. Mein Geist und mein geistiger Körper sind gesund. Darum muss der Geist meinem materiellen Körper während des Schlafs Gesundheit schicken.»

Das müssen wir uns jeden Abend sagen. Falls trotzdem keine unmittelbare Erleichterung eintritt, ist zu bedenken, dass wir die Denk-Irrtümer eines ganzen Lebens gutzumachen haben, dass wir ihnen nur allmählich entwachsen können und dass die günstige Wirkung dieses positiven Wachstums zwar nur langsam eintritt, dafür aber sicher und dauerhaft ist.

Unser unbekanntes Leben im Schlaf ist bedeutungsvoller als das uns bekannte körperliche Leben in den wachen Stunden, denn es ist das Leben des Geistes und der geistigen Sinne, soweit sie bereits entwickelt sind.

Unser wirkliches Leben ist nicht der Körper, sondern die unsichtbare Kraft, deren einziger Beweis unser tägliches, stündliches Denken ist. Unser Körper ist, relativ gesehen, erst von gestern, im Vergleich zum Geist also noch sehr neu. Die Grundlage unseres Körpers aber ist unser Denken. Was wir denken, ist die Quelle, die den Brunnen unseres Lebens speist.

Unser Geist nährt den Körper im Schlaf mit den ihm eigentümlichen Meinungen und Ideen. Wenn wir fest und sonder Zweifel noch Frage glauben, dass unser Körper mit der Zeit schwach werden, verfallen und alle Zeichen des Greisenalters aufweisen muss, dann wird unser Geist dem Körper ganz sicher die Gedankenelemente von Schwäche und Verfall bringen. Wenn wir aber in unseren wachen Stunden auch nur schon die Idee erwägen, dass der Körper nach einer gewissen Lebensspanne nicht unbedingt verfallen *muss;* dass die Tatsache, dass es, soweit wir wissen, diesen Verfall immer gegeben habe, noch kein Beweis für sein unabänderliches Fortbestehen in alle Zukunft sein muss; dass ein allabendliches Verlangen oder Gebet um gesteigerte Gesundheit und gesteigerte Geistes- und Körperkraft ganz sicher mit der Zeit seine Wirkung haben wird; dass ein Verlangen oder Gebet um Glauben mit der Zeit Beweise bringen wird, die diesen Glauben verstärken – wenn wir an solchen und ähnlichen Gedankengängen festhalten, dann werden sie unseren Geist nach und nach davon abbringen, während der Bewusstlosigkeit des Körpers in dem niedrigen geistigen Bereich herumzuirren, wo der positive Glaube an Verfall, Schwäche, Krankheit und Tod herrscht, und wohin die Menschheit sich gegenwärtig verirrt hat. Diese höheren Gedankengänge werden den Geist allmählich in das höhere geistige Reich von Kraft, Gesundheit und ewiger Jugend führen, und die günstige Wirkung des Geistes auf den Körper wird mit der Zeit nicht nur vorübergehend, sondern von Dauer sein!

Die materiellen Elemente unseres Körpers ändern sich ständig. Wir haben nicht mehr denselben Körper wie vor zehn, zwanzig, dreissig oder noch mehr Jahren, weil wir auch nicht mehr den gleichen Geist wie vor zehn, zwanzig, dreissig oder noch mehr Jahren haben. Wie der Geist sich wandelt, wandelt sich auch der Körper. Auch für die Zukunft gilt daher: während wir in die Erkenntnis ständig neuer Wahrheiten hineinwachsen, werden neue Elemente aus dem geistigen Reich unseren Körper erneuern.

Unser Glaube, welcher Art er auch sei, materialisiert sich in unserem Körper. Wenn wir an die unabwendbare Notwendigkeit von Krankheit und Verfall glauben, wird unser Fleisch und Blut zum materiellen Ausdruck von Krankheit und Verfall. Wenn wir aber die Idee, dass Krankheit und Verfall keine unabwendbare Notwendigkeit seien, auch nur erwägen, dann wird sich unser Fleisch und Blut binnen verhältnismässig kurzer Zeit zum besseren verändern, und in dem Mass, als unser Glaube sich verstärkt, wird die Wandlung zum besseren immer nachhaltiger sein.

Unsere vorherrschende Denkart geht uns buchstäblich in Fleisch und Blut über. Der Geist wirkt auf den Körper ein, indem er die Elemente, die er aus der ihm eigentümlichen Sphäre aufgenommen hat, über unseren ganzen Körper ausstrahlt, und diese Elemente kristallisieren oder materialisieren sich aus unsichtbaren in sichtbare Elemente von Fleisch und Blut; ähnlich wie ein Metall, das in einer klaren Lösung unsichtbar aufgelöst war, von dem Kupfer-, Blei- oder Zinkplättchen, das man in die Lösung steckt, angezogen wird und sich darauf sichtbar absetzt, oder wie ein Baum, der aus den unsichtbaren Elementen der ihn umgebenden Luft materielle Blätter, Blüten und Früchte erzeugt.

Wenn wir jedoch jahrein, jahraus in den ausgefahrenen falschen Geleisen weitermachen, fügen wir dem Körper ein Element oder eine Materialisation stofflichen Irrtums hinzu. Das ist, mit anderen Worten, die Sünde.

Die Anzeichen und Beweise der Sünde sind unweigerlich Verfall, Krankheit, Tod und körperliches oder see-
lisches Leiden.

So roh der Geist auch sein mag, in welchen niedrigen
Gedankensphären er auch hausen mag, sein Streben ist
stets aufwärts gerichtet. Er bringt dem Körper in seiner
schlafenden Existenz immer ein wenig von dem feineren und mächtigeren Gedankenelement, auch wenn es
häufig mit einer Menge von dem verhältnismässig nie-
deren Element der Schwäche vermischt ist. Ein
Mensch, dessen Körper ein Alter von achtzig oder
neunzig Jahren erreicht, besitzt einen stärkeren Geist als
einer, dessen Körper beispielsweise mit dreissig Jahren
stirbt. Der stärkere Geist verlangt ständig weiter nach
Stärke, wenn er sich dessen auch kaum bewusst sein
mag. Dieses Verlangen bleibt im Geiste wach, während
der Körper einschläft; es wirkt, während der Körper im
Schlaf ruht. Es bringt dem Körper ein gewisses Mass an
Leben, doch ein Leben, das in der Menschheitsgeschichte bisher weitgehend durch Irrtum und Irrglauben verfälscht war. Der starke Geist verlängert auf diese
Art, indem seine Erkenntnis ständig wächst, sein körperliches Leben tatsächlich oder hält es, anders ausgedrückt, länger fest.

Der hauptsächlichste Irrtum, der dem körperlichen Leben im Fall eines Achtzig- oder Neunzigjährigen

schliesslich doch ein Ende macht, ist die Überzeugung dieses Menschen, dass der Körper in diesem Alter sterben *müsse*. Die Gedanken und Meinungen aller Leute in seinem Umkreis unterstützen diese Überzeugung noch und drängen dadurch die Kraft des «Muss» in eine falsche Richtung. Das «Muss» ist als Zerstörer nämlich ebenso mächtig wie als Aufbauer!

Wenn wir uns eine Weile lang mit der Idee befasst haben, dass der Verfall keine unabwendbare Notwendigkeit sei, werden uns Beweise für ihre Richtigkeit zuströmen. Freilich, es können sich Perioden von Niedergeschlagenheit und Schwäche einstellen. Das sind die Bemühungen des neuen Geistes oder Denkens, die uns bewegen wollen, die alten Elemente, die uns so lange belastet haben, abzuwerfen. Im allgemeinen aber werden Gesundheit und Kraft sich von Jahr zu Jahr erhöhen. Das ist meine persönliche Erfahrung. Es ist jetzt fünf Jahre her, dass ich mich, wenn ich so sagen darf, an eine verhältnismässig intelligente versuchsweise Verwirklichung dieser Ideen machte. Und meine Gesundheit war noch nie so gut wie jetzt. Ich bin nun fünfundfünfzig Jahre alt, und es ist, als wäre mein Körper vollständig erneuert.

Am Morgen sollten wir von der Höchsten Macht erbitten oder verlangen, dass sie uns auch an diesem Tage unseres körperlichen Lebens behilflich sei, das Beste vom Geist oder Leben der körperlichen Welt in uns aufzunehmen. Dieses Leben ist ein Bestandteil des Unendlich Guten, das wir auch Gott nennen. Der sprossende Baum, der Wind, die Wolken, das Meer, der Fluss, das Bächlein, der winzige Grashalm, die Sonne, die Sterne – alles, alles ist von diesem Leben erfüllt.

Was wir von diesen Dingen sehen oder fühlen, ist längst nicht alles; es ist nur ein Teil davon, nämlich ihr materieller Ausdruck. Dahinter liegt, unseren körperlichen Sinnen nicht wahrnehmbar, ein anderes Leben – ein Mysterium, ein Geist, der sie antreibt, bewegt und wachsen lässt.

Unser Geist hat die wunderbare Fähigkeit, dieses Leben, diese Macht an sich zu ziehen, und was er einmal an sich gezogen hat, bleibt ihm in alle Ewigkeit. Wenn wir einen lebenden Baum sehen, bitten wir um das Leben dieses Baumes, und wir werden es erhalten. Wenn wir eine Blume sehen, bitten wir um ihre Schönheit. Wenn wir den Ozean sehen, bitten wir um seine Kraft. Wenn wir irgend etwas Gesundes, Ebenmässiges, Wohlproportioniertes sehen, bitten wir um diese Gesundheit, Ebenmässigkeit und Proportioniertheit. In allem ist Gott oder die Höchste Macht enthalten. Alles ist ein Bestandteil dieser Macht. Die Macht oder der Geist ist nirgends ausserhalb des sichtbaren oder unsichtbaren Universums, und diese Macht wirkt und bewegt sich auf unendlich vielfältige Art. Sie ist in jeder Abstufung von Licht und Farbe, die sich auf Meer und Himmel malt. Wenn wir unser Denken nur eine Sekunde lang auf eine der zahllosen Herrlichkeiten richten, in denen Gott sich materiell ausdrückt, kommunizieren wir mit Gott, kommen seiner Macht näher und näher, verleiben sie mehr und mehr unserem Ich ein und empfangen die eigentümliche Art von Macht, Schönheit, Gesundheit oder Kraft, die sich gerade in diesem Ding ausdrückt.

Während des Tages, wenn die körperlichen Sinne aktiv sind, können sie, richtig angeleitet, aus all diesen Dingen Kraft schöpfen. Kein Geschäft kann einen so in Anspruch nehmen, dass man sich ihm nicht zu diesem Zweck eine Sekunde entziehen könnte, und in dieser Sekunde schöpfen wir von der Kraft.

Während des Schlafs üben die körperlichen Sinne keine solche Anziehung aus, aber die Kraft, die sie in den wachen Stunden geschöpft haben, bleibt uns. Sie hilft unserem Geist, weiter in die dem körperlichen Auge unsichtbare Welt einzudringen und das Beste aus ihr einzusammeln. Jeder Tag, an dem wir unseren Geist in diese Richtung lenken, erhöht unseren Vorrat an Kraft. Je höher der Geist auf diese Art getragen wird, desto feiner und mächtiger ist das Element, das er in sich aufnimmt, um den Körper damit zu speisen und die körperlichen Sinne mit immer mehr Kraft auszustatten. Wer an Schlaflosigkeit leidet, sollte sich am Morgen eines jeden Tages sagen: «Heute nacht werde ich schlafen. Ich muss schlafen. Ich verlange von der Höchsten Macht, dass sie mir zum Schlaf verhilft.»

Damit schafft man an diesem Tag während des körperlichen Lebens die geistigen Vorbedingungen, um nachts Elemente der Ruhe an sich heranzuziehen. Wenn man seinen Geist schon früh am Tage in diese Richtung lenkt, kommt einem die steigende geistige Flut des Tages zu Hilfe; denn in der Natur und der natürlichen, gesunden Ordnung des Lebens, wenn die Erde sich der Sonne zuwendet, wirken alle Kräfte stärker, als wenn sie sich von ihr abwendet.

Versuchen wir es Tag für Tag und seien wir nicht enttäuscht, wenn der Erfolg sich nicht sofort einstellt!

Wir müssen uns bemühen, unsere Geschäfte nicht mit ins Bett zu nehmen. Am besten ist es, beim Schlafengehen an Ruhe und Schlaf zu denken. Manche besonders aktive Gehirne beginnen, sobald nur ihr Kopf das Kissen berührt, intensiver denn je zu arbeiten, zu planen, zu spekulieren und zu disponieren. Nach einer so verbrachten Stunde tut einem vor Müdigkeit buchstäblich jede Faser weh. Es ist eine Gewohnheit, die man sich unbewusst zulegt. Der Geist ist pervertiert, er hat sich in eine Richtung gewendet, die der natürlichen diametral entgegengesetzt ist. Er beharrt darauf, in der körperlichen Welt zu agieren, während er in der geistigen weilen sollte. Wenn der Körper dann schliesslich doch entschlummert, verharrt der Geist im gleichen Reich der Ruhelosigkeit und speist den Körper nur mit dem Element der Unrast und Übermüdung.

Nach einer Folge von schlaflosen Nächten sollten wir, wenn irgend möglich, das Zimmer wechseln, noch besser: eine Weile lang den Wohnort! Ein solcher Wechsel bricht oft den «Bann» der Schlaflosigkeit. Ein «Bann» oder «Zauber» ist ein Gespinst von Gedanken, die uns mit den materiellen Dingen rundum verweben: wenn unser Blick oder unsere Berührung uns die Wände, die Möbel, die anderen Gegenstände in einem Zimmer wahrnehmen lässt, gehen uns unmittelbar die ständig gleichen, eintönigen Gedanken zu, die mit diesen Dingen verknüpft sind. Ein Wechsel der körperlichen Umgebung kann dieses Gespinst, diesen «Zauber» zerreissen.

Wenn wir ein paar Nächte hintereinander zur gleichen Stunde, sagen wir um eins oder um vier Uhr früh, erwachen, dürfen wir uns darum nicht einbilden, dass es fortan so fortgehen müsse. Wir können im Gegenteil den «Zauber» umkehren und sagen: «Heute nacht werde ich just diese Stunde verschlafen!» Wir dürfen uns nicht von der jämmerlichen Einbildung, dass unser

Schlaf auch diesmal wieder gestört sein werde, beherrschen lassen, sondern müssen beschliessen, die Herrschaft in die Hand zu nehmen; unser wahres Ich, unser Geist soll unserem Körper gebieten.

Wenn eine andere Person im Haus, mit der wir mehr oder weniger sympathisch verbunden sind, ebenfalls an Schlaflosigkeit leidet, ist es möglich, dass der eine erwacht, sobald der andere wach ist. In diesem Fall müssen wir uns entweder der unmittelbaren Anwesenheit dieses Menschen entziehen oder ihn dazu bringen, seinen Geist in die gleiche Richtung zu lenken wie wir.

Nehmen wir uns vor, ruhevolle Elemente um uns zu sammeln. Eine Katze, die in unserem Zimmer schläft, vermittelt uns viel eher das Element der Ruhe, als ein nervöser, rastloser Mensch, der keinen Augenblick stillhalten kann.

Ausserdem ist ein Tier imstande, ruhelose oder kränkliche Elemente, die von uns ausgesandt werden, zu absorbieren und fortzuschaffen. Aus diesem Grunde ist es gesund, kräftige junge Tiere um sich zu haben, aber keine ihrer Freiheit beraubten Tiere oder Vögel in Käfigen. Ein liebevoll behandeltes, frei herumlaufendes Tier absorbiert die Elemente, die wir ständig ausstrahlen und ohne seine Hilfe vielleicht zu unserem Schaden wieder absorbieren würden. Dem Tier schadet das solchermassen absorbierte Element jedoch nicht.

Eine Andeutung dieses Naturgesetzes ist im Symbol des «Sündenbocks» zu erkennen, der jährlich, mit den Sünden des ganzen jüdischen Volkes beladen, in die Wüste hinausgetrieben wurde.

Wenn wir trotz allen guten Willens in die gesundheitsschädliche Gewohnheit hineingeschlittert sind, Schlafmittel oder ähnliches einzunehmen, und nicht unverzüglich wieder damit aufhören können, müssen wir jedesmal, wenn wir etwas einnehmen, sagen: «Ich verlange von der Höchsten Macht, dass sie mich möglichst bald von der Notwendigkeit dieses künstlichen Hilfsmittels befreit. Ich verlange, dass die Droge, wenn sie auch nur ein morsches Rohr ist, auf das ich mich stütze, dazu beiträgt, meinen Geist in die höheren Bereiche des reinen, machtvollen Gedankens emporzureissen. Ich verlange auch, von der schädlichen Idee befreit zu werden, dass ich diese Gewohnheit nicht lassen könne oder dass diese Hilfe, wie unvollkommen sie auch sein möge, mir nicht zeitweise zum Nutzen anstatt zum Schaden gereiche.»

Eine Droge wirkt viel schädlicher, wenn man sich beim Einnehmen sagt: «Ich weiss, dass es meine Gesundheit ruiniert, aber ich muss es eben haben!», als wenn man seinen Geist in die soeben angedeutete Verfassung versetzt.

Bei Gott sind alle Dinge möglich.

Alle Dinge können uns zur Hilfe gereichen, bis wir uns von dem Zwang ihrer Anwendung befreit haben, sofern wir sie nur in der richtigen seelischen oder geistigen Verfassung einnehmen oder anwenden; das heisst, dass wir jedesmal beten oder verlangen müssen, dass wir daraus möglichst grossen Nutzen und möglichst wenig Schaden ziehen und bald von dem ungesunden, unnatürlichen körperlich-geistigen Zustand befreit werden, in den wir allenfalls durch lange Gewöhnung geraten sind.

TRÄUMEN IST EINE NÜTZLICHE TÄTIGKEIT

Es ist nicht nötig, dass wir in unseren wachen Stunden ununterbrochen denken. Eine solche Gewohnheit ermüdet einen bald und bewirkt, dass man die gleiche Gedankenkette, die gleiche Ideenfolge im Geist ständig wiederholt.

Eine der stärksten Quellen geistiger und körperlicher Macht und Gesundheit ist unsere Fähigkeit, alles positive Denken willentlich auszuschalten, körperlich ganz still zu sitzen und uns, wenn auch nur ein paar Sekunden lang, in einen Zustand der Träumerei versinken zu lassen, während wir bloss die Landschaft, die vor unseren körperlichen Augen liegt, oder sogar nur einen ganz kleinen Ausschnitt davon, betrachten oder den Geist unbehindert auf den Bildern verweilen lassen, die ihm gerade vorschweben mögen.

Auf diese Art, durch ein solches, vielleicht unbewusst geübtes Vorgehen, erfasst auch der Maler ein kleines Stückchen der weiten Welt, trennt und schneidet es gleichsam aus seiner Umgebung heraus und überträgt es auf die Leinwand. Wir mögen oftmals daran vorbeigegangen sein, ohne es so zu sehen, wie er es gemalt hat, weil unser Geist hierhin und dorthin, in sämtliche Richtungen schweifte, eine Sekunde lang zu Hause verweilte, die nächste in unserem Geschäft, Studio oder Büro,

um sich hierauf mit irgendeiner Schwierigkeit herumzu-
schlagen und sich überhaupt in sechzig Sekunden mit
mehr Dingen zu befassen, als man in einer Stunde be-
schreiben könnte. All das ist Arbeit, Kraftaufwand und
sehr oft ein völlig nutzloser Kraftaufwand. Es bringt
keine Klärung, keine neue Idee. Es ist genau, als wollte
der Holzfäller zwei Stunden lang seine Axt wild durch
die Luft schwingen, ehe er sie an den Stamm anlegt.
Sechzig Sekunden Träumerei oder Meditation sind
sechzig Sekunden vollkommene Ruhe für Geist und
Körper.
Sogar auf einer niedrigeren Ebene des Erfolgs, wo es
nur um das Geldverdienen geht, ist es gewöhnlich der
Mann, der sich mit Willen ein paar Augenblicke lang
der Träumerei überlässt, mit anderen Worten, der
Mann, der nach Belieben alles Denken abschalten und
damit sein Gehirn bewusst auszuruhen vermag, der die
finanzielle Macht in Händen hält, denn während dieser
kurzen Momente der Ruhe oder Träumerei öffnet sich
der Geist neuen, frischen Ideen; neue Ideen aber und
die beharrliche, stille Kraft, sie im Geist zu erwägen und
sie nachher auch beharrlich und still durchzusetzen –
darin liegt das Geheimnis, wie man zu Geld kommt.
Kann man denn etwas sehen oder sich an dem, was man
sieht, freuen, wenn man ständig in Eile ist? Man läuft
dann vielleicht gerade an dem Menschen vorbei, dem

man vor allen anderen begegnen möchte oder dem zu begegnen besonders günstig wäre, ja, es könnten Banknoten vor uns auf der Strasse liegen, ohne dass wir es in unserer Hast merkten!

Unzählige Menschen ringsum hetzen und jagen in geistiger Beziehung ständig atemlos herum. Dabei rennen sie jahrein, jahraus in den gleichen ausgefahrenen Gedankenbahnen im Kreise. Vor lauter Eile sind sie unfähig, günstige Gelegenheiten wahrzunehmen; und wenn sie eine sehen, haben sie nicht den Mut, sie aufzugreifen. Sie tun heute genau das, was sie gestern taten, und zwar einzig darum, *weil* sie es gestern taten. Sie sind die Sklaven – nicht des Kapitalismus oder Monopolismus, sondern ihres eigenen Geisteszustands, der sie fester als Eisenketten an den eintönigen Trott ständig gleicher Gedanken und der sich daraus ergebenden Handlungen fesselt. Sie haben die Fähigkeit nicht mehr, sich in den wünschenswerten Zustand geistiger Ruhe zu versetzen. Sie glauben, sie müssten unaufhörlich etwas mit ihrem Körper oder ihrem Geist tun, und sogar wenn ihr Körper sich in jenem Zustand der Bewusstlosigkeit befindet, den wir Schlaf nennen, arbeitet ihr Geist weiterhin in der gleichen Richtung.

Der Schlaf aber bringt diesen Menschen nicht halb soviel Erquickung oder Stärkung, wie sie jene erfahren, die Augenblicke der Träumerei, Geistesabwesenheit oder Meditation, wie man es eben nennen will, einzuschalten verstehen.

Diese ruhelosen Menschen werden sogar auf einer Schiffsreise ständig durch alle Räume irren, ohne Zweck und Ziel und ohne recht zu wissen, was sie denn eigentlich suchen. In der Eisenbahn haben sie nur den einen ungeduldigen Wunsch, möglichst bald an ihr Reiseziel zu gelangen, und wenn sie dort sind, wissen sie vielleicht nichts mit sich anzufangen. Bei sich zu Hause werkeln sie ständig herum, ermüden Körper und Geist und haben am Abend überhaupt nichts vollbracht und weder einen geschäftlichen noch einen finanziellen Fortschritt erreicht.

All das erfordert eine grosse seelische Spannung und einen respektablen Kraftaufwand – und wozu? Es ist, als hielte man die Saiten der Geige aufs höchste gespannt, auch während das Instrument nicht benützt wird, als liesse man den Motor ständig laufen, auch wenn keine Maschine in Gang zu setzen ist. Und das ist unweigerlich die Quelle von Erschöpfung, Krankheit und körperlicher Abnützung.

General Grant trug die berühmte Zigarre mehr Siege ein als der Säbel; ganz abgesehen von der Wirkung des Tabaks auf den Organismus, führt das blosse Einatmen und Wiederausatmen, das fast unbewusste Beobachten der Rauchwölkchen zu einer, wenn auch nur sekundenlangen, Träumerei oder Zerstreutheit; das heisst, es versetzt den Geist in den passiven, rezeptiven Zustand, in dem er nicht nur ausruhen, sondern auch neue Ideen aufnehmen kann. Wir wollen hier das Tabakrauchen weder empfehlen noch verdammen, sondern betrachten es nur in seiner Eigenschaft als unvollkommenes Hilfsmittel, als ein Hilfsmittel, das es z. B. General Grant erlaubte, seine geistigen Kräfte ruhig in Reserve zu halten, bis er sie mit Vorteil einsetzen konnte.

Der gleiche Geisteszustand kann aber auch mit anderen, natürlicheren Mitteln herbeigeführt werden, deren Wirkung günstiger und dauerhafter ist.

Zum Beispiel: Der Leser möge hier und jetzt seine Lektüre unterbrechen, sich mit schlaff herabhängenden oder im Schoss ruhenden Armen in seinen Stuhl zurücklehnen und an gar nichts denken, wenn auch nur drei oder fünf Sekunden lang. Wenn ein Wölkchen am Himmel oder ein windbewegtes Zweiglein sein Auge fesselt, sollte er es nur so lange betrachten, als es ihm Spass macht, aber nicht länger. Wer seinen Geist oder seinen Körper nicht einmal fünf Sekunden lang untätig lassen kann (und sehr viele Leute können es nicht!), sollte wenigstens alle jähen, krampfhaften Körperbewegungen vermeiden. Wer unbedingt seinen Arm bewegen muss, tue es, aber möglichst nur einmal und so langsam wie möglich.

Wenn Sie wollen, war das jetzt die erste Lektion in der Kunst der Träumerei oder Geistesabwesenheit. Damit haben wir uns ein Atom wirklicher Ruhe errungen. Wir haben ein Atom Kraft angezogen, das uns nie mehr verlorengehen kann. Natürlich dürfen wir keinen unmittelbaren, endültigen Erfolg in der Ausübung dieser so notwendigen Fähigkeit erwarten, denn oft gilt es, die hastigen Gewohnheiten eines ganzen Menschenlebens abzuschütteln, aber der Same der Ruhe ist in uns ausgesät und kann nie wieder verschwinden. Versuchen wir nicht allzu krampfhaft, ihn zu züchten und zu hegen; er wird ganz von selbst aufgehen und wachsen.

Solche geistige Schulung oder Körperbeherrschung kann auf die alltäglichsten Verrichtungen (wie man das fälschlicherweise nennt!) ausgedehnt werden, zum Beispiel auf das Aufstehen und Hinsetzen, das Umblättern von Buchseiten, das Türöffnen, das Fensterschliessen. Wenn wir nämlich solche Dinge auf ungeduldige, fahrige, sprunghafte Art tun, als wären es bloss lästige Hindernisse zwischen uns und irgendeinem angestrebten Ziel, geben wir ganz unnütz grosse Kraftmengen aus. Beim hastigen Durchblättern dieses Buchs kann man leicht so viel Kraft aufwenden, die genügen würde, um eine halbe Stunde sorgfältige Arbeit zu leisten. Je feiner unser Geist, je mannigfaltiger und fruchtbarer unser Denken, desto grösser ist seine Macht, desto mehr davon vergeuden wir aber auch durch hastiges Agieren. Wenn wir jedoch in unseren wachen Stunden eine ruhevolle, träumerische Stimmung pflegen, pflegen wir gleichzeitig unsere Fähigkeit, tiefer und erholsamer zu schlafen, denn die vorherrschende Stimmung des Tages überträgt sich auch auf die der Nacht. Schlaflosigkeit rührt von mangelnder Geistesdisziplin her, von der Gewohnheit unaufhörlicher, krampfhafter, ruckartiger Gedankentätigkeit, die sich wiederum unweigerlich in ruheloser, krampfhafter, ruckartiger Körpertätigkeit äussert. Wenn der Geist den Körper schon bei Tag nicht zu beherrschen und in einem ruhevollen, aufnahmebereiten Zustand zu erhalten vermag, kann er es auch bei Nacht nicht. Das sind dann die Nächte, in denen man sich stundenlang schlaflos in den Kissen herumwirft, bis einem vor Müdigkeit jeder Knochen im Leibe wehtut.

Wenn man sich aber in Träumerei oder Meditation übt, wird der Geist so mächtig, dass er jederzeit den Schlaf oder einen Ruhezustand herbeirufen kann.

Solche Traum-Übungen soll man aber nicht betreiben, wenn man sie als lästig und irritierend empfindet, sonst werfen sie einen eher zurück. Man versuche es ausschliesslich dann damit, wenn es einem Freude macht. Das Schöne und Geheimnisvolle an der Geisteskraft ist ja, dass sie wie ein Samenkorn wächst, während wir schlafen und nichts davon wissen: aber in zwei, drei oder fünf Jahren wird unser ganzes Gehaben, unsere Haltung und Art bis in die kleinste Bewegung, von einer langsameren, anmutigeren Kraft und ruhevolleren Stimmung zeugen. Hingegen wird der Körper durch die geistige Auswirkung ständiger Unruhe buchstäblich zertrümmert. Es schweifen dann nämlich unsere Gedanken ohne Zweck und Ziel und gänzlich unbeherrscht hierhin, dorthin, in sämtliche Richtungen, zu jedem Gegenstand, und reissen Stunde um Stunde das feinsinnige Instrument des Körpers in Stücke.

Wenn wir uns einer ruhevollen, träumerischen Haltung befleissigen, kann jede körperliche Handlung, bis hin zu unserem Gang, zu einer Quelle des Vergnügens werden. Solange uns die körperliche Bewegung angenehm und nicht lästig ist, arbeiten wir nicht nur besser, sondern ziehen durch unsere gute Stimmung mehr und mehr Kraft an uns; das ist aber eine Kraft, die uns nie mehr verlorengeht. Dieses Prinzip gilt auch für jede Art Kunst, sei es jetzt Rede- oder Schauspielkunst, Malerei oder Bildhauerei. Das ist das Geheimnis der höheren Vollendung in jeglicher Kunst und in jeglicher Tätigkeit überhaupt. Wenn es einmal besser bekannt sein wird (was in der näheren Zukunft kommen muss), werden die Menschen auf Grund ihrer höheren Macht Leistungen vollbringen, die den heutigen Massen so unglaublich erscheinen müssten wie der elektrische Telegraph unseren Urgrossvätern. Die sogenannten «Wunder», von denen wir in der Bibel lesen, kamen einzig durch die Aufspeicherung und Konzentration geistiger Macht zustande.

Christus und Moses, wie auch die Seher, Wahrsager und Magier der alten Zeit, liessen ihren Geist völlig ruhen und waren dadurch imstande, die Denkkraft oder das Denkelement zu akkumulieren und festzuhalten; wenn dann diese konzentrierte Kraft auf einen Kranken gerichtet wurde, erfüllte sie ihn augenblicklich mit neuem Leben; liess man sie aber auf die Elemente einwirken, vermochte sie Fische und Brotlaibe scheinbar aus dem Nichts hervorzubringen, die wogende See zu beruhigen oder Wasser aus dem nackten Stein zu schlagen. Christus pries Maria, dass sie sich nicht wie Martha mit den endlosen Einzelheiten des Haushalts belastete; er sagte, Maria hätte «den besseren Teil erwählt», weil sie, unbelastet von häuslichen Sorgen, eine Kraft errang, die letztlich in ein paar kurzen Augenblicken weit mehr zu vollbringen vermochte, sogar für das häusliche Behagen, als Martha mit ihrer ganzen körperlichen Emsigkeit und Geschäftigkeit in einem Tag oder einer Woche.

Martha mühte sich zu Tode, Maria baute sich zu einem neuen Leben auf.

Heutzutage sind unzählige Marthas dabei, ihre lebendigen Kräfte zu verschwenden und ihre Gesundheit zu ruinieren, indem sie alten Plunder abstauben und auf die schnurgerade Ausrichtung von Schürhaken und Feuerzange achten; sie treiben ihren müden Körper von früh bis abend von einer Arbeit zur anderen, ohne sich auch nur eine Sekunde lang geistige Ruhe zu gönnen. Und unzählige männliche Marthas machen es in ihren diversen Berufen ebenso...

Wenn wir aber die Fähigkeit entwickeln und pflegen, nach Wunsch und Willen längere oder kürzere Perioden geistiger Ruhe einzuschalten und durchzuhalten, bauen wir ein an Kraft und Umfang ständig wachsendes Mass des unsichtbaren Elements auf, das wir ausstrahlen können, um auf andere ferne oder nahe Geister einzuwirken und dadurch Ergebnisse zu erzielen, die unserem materiellen Glück höchst förderlich sind. Hingegen können wir die gleiche Kraft mit sehr ungünstigen Folgen gegen uns selber richten, wie es eben die Menschen tun, die ständig in einer Hetzjagd leben und nicht imstande sind, auszuruhen, solange nur ein Topfdeckel im Haus nicht blankgeputzt oder irgendwo ein Staubkörnchen sichtbar ist. Ordnungsliebe kann zur Besessenheit ausarten, und der Mensch kann seine ganze Geisteskraft auf die Gegenstände in den vier Wänden eines kleinen Zimmers verschwenden, so dass ihm nichts mehr für andere, wichtigere Dinge übrigbleibt. Je mehr wir uns üben, kurze Perioden geistiger Ruhe oder bewusster Gedankenlosigkeit einzuhalten, desto grösser wird unsere Geistesgegenwart werden. Geistesgegenwart ist die Fähigkeit, unsere ganze Urteilskraft, Vernunft, Feinfühligkeit, Entschlusskraft und Findigkeit augenblicklich, sobald es nottut, einzusetzen. Geistesgegenwart bedeutet, dass der Geist nicht aus dem Gleichgewicht gerät. Sie bildet den festen Halt für den von seiner Rolle hingerissenen Schauspieler, sie flüstert dem Redner im richtigen Augenblick das richtige Wort oder Bild, den richtigen Gedanken ein, sie schützt den Geschäftsmann innerhalb und ausserhalb seines Kontors. Ein ermüdeter Geist hingegen, der sich auf undisziplinierte Gedanken verzettelt, ist nicht fähig, bei plötzlichem Alarm oder einer unvorhergesehenen Wendung der Dinge seine Kräfte zur Aktion zu sammeln. Der ausgeruhte Geist ist die ausgeruhte und darum schlagkräftige Garnison unserer Geistesfestung.

Geistesgegenwart – das ist die Macht, die der Geist durch seine Fähigkeit gewinnt, sich der Ruhe hinzugeben und Kraft zu speichern. In ihr liegt das Geheimnis aller Leichtigkeit und Anmut. Ihrem Gesetz untersteht die beschwingte Tänzerin und jeder andere Künstler, der mit seiner ganzen Hingabe singt oder Theater spielt, ja alle, die in irgendeiner Tätigkeit Hervorragendes leisten.

Wenn der Geist immer mehr in dieser Richtung geübt wird, erlangt er die Fähigkeit, sich in kaum wahrnehmbaren, kurzen Zeitspannen gänzlich zu erholen, so dass er im Lauf einer Sekunde Kraft in sich aufnehmen und sie in der nächsten wieder ausgeben kann. Beim Tanzen, Spielen, Redenhalten kann er eine neue Idee aufnehmen, eine neue Methode, wie sie ihm nie vorher in den Sinn gekommen ist, und sie augenblicklich zur Ausführung bringen. Aus diesem Grunde kommt es kaum jemals vor, dass ein Genie auf der Bühne oder am Rednerpult sich zweimal genau auf die gleiche Art ausdrückt. Es ist das Geheimnis des erfolgreichen Billardspielers wie auch des überlegenen Scharfschützen. Gehetzte, nervöse und infolgedessen ständig müde Menschen sind selten gute Schützen oder sonstwie Meister in irgendeiner Kunst. Ein zappliger Geist macht auch den Körper zapplig, so dass er weder das Gewehr noch das Billardqueue ruhig halten kann. Wenn wir aber lernen, unsere Kraft zusammenzuhalten und unseren Geist auszuruhen, so werden unsere Nerven ruhig und stark wie Stahl werden; denn die Nerven sind die Verkehrsmittel oder Verkehrswege, die das Denken jeweils in jenen Teil unseres Körpers befördern, auf den es günstig einwirken soll. Ein solches Geistestraining wird uns zum Meister über das unbändigste, bösartigste Pferd machen. Ein solches Geistestraining ist auch die

90

Grundlage der Tapferkeit. Der ermüdete Geist, der erschöpfte Körper stehen der Angst offen. Sobald uns aber die Angst packt, lockern wir unwillkürlich die Zügel, und das erregte Pferd spürt, dass wir es fürchten, denn wir haben unseren Geisteszustand, in diesem Falle unsere Angstelemente, buchstäblich in das Tier hineingeschickt. Es war eine solche, durch Übung gewonnene höhere Kraft, die den Propheten Daniel instandsetzte, die Löwen in Schach zu halten, als er in ihrer Grube stand. Die Möglichkeiten, die sich aus dieser Kraft ergeben, sind unbegrenzt. Sie kann den Körper jedem stofflichen Element überlegen machen. Es war diese Kraft, welche die drei jüdischen Jünglinge, Schadrach, Meschach und Abednego, unversehrt dem Feuerofen entkommen liess, und sie bewirkte auch, dass der Schlangenbiss dem Apostel Paulus nichts anhaben konnte. An dieser Kraft haben wir alle teil. Wir tragen ihren Keim in uns. Sie vermag jedem unserer Organe, jeder Funktion unseres Organismus die zehnfache Kraft zu verleihen.

Wie jede andere Fähigkeit kann aber auch der Hang zur Träumerei übertrieben werden. Das ist bei zerstreuten, geistesabwesenden Menschen der Fall, die sich in ihre eigenen Tagträume verlieren und dabei vergessen, wo ihr Körper sich aufhält, und sogar, was er gerade tut. Ihnen fehlt die aktive Kraft, sich zum Handeln zu ermannen, sobald Handeln nottut. Zwischen unserer aktiven und unserer passiven Kraft (nämlich der Träumerei) muss Gleichgewicht bestehen, damit wir uns jederzeit und an jedem Ort bewusst in den einen oder anderen Zustand versetzen können. Auf diese Art können wir stets ausruhen, auch während wir körperlich oder geistig arbeiten; obendrein kann diese Balance so fein eingestellt werden, dass wir immer ein klein wenig mehr einnehmen, als wir ausgeben, und dadurch eine Kraftreserve bewahren − genau wie der Lokomotivführer eine Dampfreserve im Kessel hält. Gegenwärtig verbrauchen viele Menschen ihren Dampf, will sagen ihre Kraft, so rasch sie ihnen zuströmt; das hat die Folge, dass sie bei jeder unerwarteten höheren Belastung, bei jedem Zwischen- oder Notfall sofort versagen, erkranken oder völlig den Kopf verlieren.

Wenn wir die Fähigkeit pflegen, uns nach Belieben der geistigen Ruhe hinzugeben − vorausgesetzt, dass wir allen und allem gegenüber stets wohlwollend eingestellt bleiben −, wird unser körperlicher Atem langsamer und tiefer werden, was unserer Kraft und Gesundheit förderlich ist. Wir werden die Luft aus tiefster Lunge einatmen und ausatmen und nicht nur oberflächlich, wie es rastlos gehetzte, nervöse, zapplige Menschen tun.

Die Tätigkeit unserer Lungen ist nur eine grobe Abart des geistigen Atmens oder Inhalierens. Wenn wir mit der Welt in Frieden leben und in den Strom des konstruktiven Denkens eingeschaltet sind, wird die Fähigkeit zur Träumerei oder geistigen Absonderung den Geist instandsetzen, höher und höher emporzureichen – und sei es auch nur für zwei, drei Sekunden! – und die Atmosphäre eines feineren, mächtigeren und lebensvolleren Elements einzuatmen, als es im belebten Raum der Erde zu finden ist; und da durch diese Übung unsere Fähigkeit, uns vom Denken zu lösen, immer noch zunimmt, werden wir eine Erhebung und gesunde Schwungkraft erfahren, welche die Wirkung jedes irdischen Stimulans übertrifft. Es ist dies vielleicht einer der Wege, den «göttlichen Ichor» der alten Mythologien, das «Elexier des Lebens», zu erwerben.

Auf solche Weise erlangen wir auch eine beachtliche Tatkraft in allen materiellen oder «praktischen» Angelegenheiten, wenn Zeit und Ort zur Tat aufrufen. Mit ihrer Besessenheit, ständig in einer überhöhten geistigen Spannung zu leben und sich für krank zu halten, sobald diese Spannung ein wenig nachlässt, verhindern gegenwärtig zahllose Menschen durch eigene Schuld ihr Glück, anstatt es zu fördern. In ihrem abgehetzten Zustand mangelt es ihnen an Takt im Umgang mit anderen Menschen. Oft stossen sie gerade die, die ihnen am meisten nützen könnten, vor den Kopf und erreichen trotz grossem Energieaufwand nicht die Stellung, die sie leicht einnehmen könnten, würden sie nur ein bisschen mehr Ruhe und Liebenswürdigkeit aufbringen. Auch kostet es sie massenhaft Zeit und Kraft, den Schaden gutzumachen, den sie durch ihre Hast und Zerstreutheit ständig erleiden und anrichten. Sie lassen überall ihre Besitztümer liegen, verlieren ihren Bleistift und ihr Federmesser, verlegen wichtige Briefe, irren sich bei Geldabrechnungen und haben ständig etwas zu suchen. Die Kraft, die man auf solche Art vergeudet, kann natürlich keinerlei Nutzen bringen.

Wenn ich oben von einer Geisteshaltung allgemeinen Wohlwollens sprach, meine ich natürlich nicht die kriecherische, geduckte, niedrige Einstellung, die Schimpf und Kränkung widerstandslos und ohne Murren hinnimmt, weil sie solches Verhalten für eine Tugend hält. Wir können dem Menschen, der uns das Haus über dem Kopf anzünden will, natürlich alles Gute wünschen, aber der gesunde Menschenverstand fordert, dass wir ihn mit allen Mitteln an seinem Vorhaben hindern. Wenn ein Narr den Versuch macht, uns zu tyrannisieren oder zu beschimpfen, müssen wir uns widersetzen, und erst wenn wir seiner Narrheit endgültig ein Ende gesetzt haben, können wir ihm unser menschliches Wohlwollen bezeugen. Als Christus die Teufel austrieb und ihnen befahl, die von ihnen gemarterten Menschen zu verlassen, war er weder sanft noch demütig.

DIE KUNST, BEIM ESSEN ENTSPANNT ZU SEIN

Die Gemütsverfassung, in der wir essen, ist von weit grösserer Bedeutung als das Menü, vorausgesetzt natürlich, dass uns das Essen schmeckt. Beim Essen verleiben wir nämlich unserem geistigen Ich die Gedanken ein, die uns während der Mahlzeit beschäftigen. Wenn wir also zur Essenszeit düsteren, verdriesslichen, gereizten, nutzlosen oder bedrückten Gedanken nachhängen, wenn wir bei Kränkungen oder Ärgernissen verweilen oder die Speisen voller Hast, Ungeduld oder Angst hinunterschlingen, nehmen wir diese schädlichen Gedanken in uns auf und machen sie zu einem Bestandteil unseres Wesens. Dann wird die Nahrung zum Mittel, uns das ungesunde Material einzuverleiben. Es kommt dann wenig darauf an, wie gesund oder nahrhaft sie ist, ihre Bedeutung liegt vor allem darin, dass sie als Verpackung der schädlichen Elemente dient.

Falls wir hingegen in ruhiger, heiterer, erholsamer Stimmung essen und in Gedanken oder im Gespräch bei erfreulichen, gesunden, kräftigenden Gegenständen verweilen, leiten wir die entsprechenden wohltätigen Ströme in uns hinein. Dann konsumieren wir gewissermassen die positiven Gedanken mit unserer Nahrung und verleiben sie unserem Organismus ein.

In der Sitte des Tischgebets steckt eine tiefe, wohltätige Wahrheit. Ob laut gesprochen oder nur in Gedanken getätigt – der auf diese Weise herbeigeleitete Gedankenstrom wird uns in eine seelische Verfassung versetzen, in der das Essen Körper und Geist am besten bekommt. Wir können den Wunsch, der im Tischgebet Ausdruck findet, zu jeder Zeit und an jedem Ort äussern, auch wenn wir nur ein paar Bissen essen.

Sobald wir beim Essen an Krankheit oder an irgendwelche Schmerzen denken, ziehen wir damit die entsprechenden Elemente an und verleiben sie uns ein. Auch wenn wir nicht selbst unter der betreffenden Krankheit leiden – wenn es uns zur Gewohnheit wird, bei Tisch davon zu sprechen, werden wir sie mit der Zeit am eigenen Leib zu spüren bekommen!

Es ist nämlich so, dass wir beim Essen mehr Gedankenelemente guter oder schlechter Art in uns aufnehmen und assimilieren als sonst, und zwar aus dem folgenden Grund:

Beim Essen befinden wir uns in einem passiveren, empfänglicheren Zustand als in jeder anderen wachen Stunde. Unser Geist macht sich und damit auch den Körper bereit, Kraft aus der genossenen Nahrung aufzunehmen. Dann gleicht unser ganzes Wesen, der Geist und der von ihm benützte Körper, einer offenen Hand, die ausgestreckt ist, um Gaben zu empfangen. Das verlangt einen geringeren Kraftaufwand als die Faust, die sich schliesst, um einen Schlag auszuteilen oder ein schweres Gewicht zu heben. In dieser rezeptiven oder kraftempfangenden Verfassung von Geist und Körper nehmen wir alles Gute oder Schlechte in Form von Gedanken besonders leicht auf, und zwar meist unbewusst.

Während Körper und Geist aus irgend einer Quelle Kraft empfangen, sollten sie nicht gleichzeitig Kraft verbrauchen, wie ja auch das Pferd bei der Fütterung nicht arbeiten soll. Jede Kraftanstrengung während des Essens schadet irgendwie unserem Geist.

Aus diesem Grunde sollte man auch beim Essen nicht studieren. Es wirkt sich letzten Endes ungünstig aus.

Wenn wir in gelassener, heiterer, friedlicher, ungestörter Stimmung essen, können wir eine grosse Menge wohltuendes Gedankenelement in uns aufnehmen; hingegen wird massenhaft schädliches Gedankenelement in uns gelangen, sobald unsere Stimmung gehetzt, verstört, aggressiv und unbehaglich ist.

Wenn wir aber seit längerer Zeit gewöhnt sind, in dieser üblen Stimmung zu essen, können wir sie nicht plötzlich abschütteln; jede geistige Gewohnheit, die sich körperlich auswirkt, kann nur schrittweise geändert werden. Dies geschieht am besten durch das Gebet um eine solche Änderung oder durch das ständige intensive Begehren danach. Erinnern wir uns also zu Beginn der Mahlzeit daran, dass dazu eine ruhevolle Geistesverfassung nötig ist, wenn wir auch nicht imstande sind, sie sofort herbeizurufen. Vielleicht haben wir dem Körper jahrelang seinen Willen gelassen. Er ist daran gewöhnt, sozusagen in einem bestimmten Geleise zu laufen, und dieses tief ausgefahrene Geleise kann jetzt nicht auf einen Schlag umgeformt werden. Aber das ruhige Verlangen nach der Verfassung, die für Körper und Geist am günstigsten ist, bildet eine mächtige, langsam, aber sicher wirkende Kraft, um uns selbst und unsere schädlichen Gewohnheiten zu wandeln. Dieses Verlangen führt einen neuen Gedankenstrom herbei, und die stetige, immer stärkere Wirkung dieses Stroms muss uns letzten Endes umgestalten, wie sie auch jeden anderen Schaden umgestaltet.

Es gibt eine Art, gehetzt zu essen, die uns nötigt, die Speisen hastig, in zu grossen Happen, hinunterzuschlingen, so als wären wir von dem Wunsch besessen, die Mahlzeit möglichst rasch hinter uns zu bringen – ein Wunsch oder eher ein Einfluss, der oft dazu führt, dass wir nach den ersten paar Bissen den Appetit verlieren, obwohl wir uns heisshungrig zu Tisch setzten.

Menschen, die jahrelang gewöhnt waren, auf diese Art zu essen, können mit der Zeit ihren Appetit völlig verlieren. Manchmal verbringen sie im Lauf eines ganzen Tages insgesamt nicht mehr als zwanzig Minuten bei Tisch. Sie wissen kaum mehr, wie erfreulich und erholsam für Geist und Körper eine behagliche, ruhevolle Mahlzeit sein kann, und ahnen nicht, wieviel Kraft sie uns schenkt.

Hastig essen ist eine sehr gefährliche Gewohnheit. Sie bewirkt, dass der Körper zu wenig Nahrung aufnimmt, obwohl der Tisch reichlich für ihn gedeckt ist. Weder Geist noch Körper finden, was sie brauchen. Solche Menschen werden ständig schwächer werden und dahinwelken, ohne es recht zu merken, bis schliesslich der ausgehungerte Körper sich vom Geist trennt. Er wird vielleicht von Verdauungsbeschwerden gequält, die er dieser oder jener Speise zuschreibt. In Wahrheit hat sein Speisezettel wenig mit seinem Leiden zu tun, die Stimmung, in der er sein Essen verzehrt, hingegen sehr viel!

Wenn wir in dieser hastigen, ungemütlichen Stimmung essen, ziehen wir Kräfte und Intelligenzen an, die keine Freude an unserem Essen haben und jede Mahlzeit als einen lästigen Vorgang ansehen, den man möglichst bald beenden sollte. Durch diese oft unbewusst angezogenen Kräfte kann unser ganzer Organismus feindselig gegen das Essen eingestellt werden, so dass es zu einer mechanischen Übung wird; das ist heutzutage bei vielen Menschen der Fall. Diese mechanische Nahrungsaufnahme ist für den Körper sehr schädlich, denn jeder Dienst, der dem Körper erwiesen wird, muss aufmerksam und liebevoll getan werden. Ansonsten ist es ein nutzloser, toter Dienst, der letztlich mit zur Todesursache werden kann.

Wenn unser Beruf oder unser Geschäft uns derartig in Anspruch nimmt, dass wir uns nicht mehr die Zeit für eine behagliche Mahlzeit gönnen, sondern nach ein paar hastigen Bissen wieder zu unserer Tätigkeit zurückstürzen, muss sich das mit der Zeit sehr schädlich auswirken. Wir können Geist und Körper nicht so schnell wieder auffüllen, wie man Kohle in eine Lokomotive schaufelt, ohne dass beide Schaden nehmen.

Es ist kein gutes Zeichen, wenn ein Mensch sagt, es sei ihm gleich, was er esse: «Eins ist so gut wie das andere, wenn es nur den Bauch füllt!» Es ist der Geist, der nach Abwechslung und Vielfältigkeit verlangt. Er hat seine Gründe für solche Forderungen, die wir jetzt nicht erklären können. Wenn der Gaumen gleichgültig wird und ein Geschmack ihm soviel wert ist wie der andere, weist das auf eine Abstumpfung, einen Verfall des Geistes hin. Je höher die Vergeistigung eines Menschen, desto empfindlicher und feinfühliger wird sein Gaumen. Der Geist geniesst das Vergnügen, das ihm durch den körperlichen Geschmackssinn vermittelt wird.

Unser Geist begehrt zu leben und in jedem Bereich unseres körperlichen Wesens seinen Ausdruck zu finden. Dazu gehört auch der Gaumen. Wenn ein Bereich infolge falscher Verwendung ausgeschaltet ist, müssen wir auf diesen bestimmten Ausdruck von Leben und Lebensfreude verzichten. Dadurch sind wir geschädigt.

Das alles darf nicht mit Gefrässigkeit verwechselt werden. Der Gefrässige isst nicht, er verschlingt. Richtig essen heisst: jeden einzelnen Bissen mit Genuss verzehren. Je länger ein Bissen genossen wird, desto länger dient er als physisches Medium, das unserem Geist Leben zuführt. Der Gefrässige dagegen hat in Wirklichkeit sehr wenig wahren Nutzen von seinem Essen. Es ist, als täte man zuviel Kohle auf einmal in den Ofen, so dass sie nicht richtig brennt und wenig Energie erzeugt.

Ein paar Mundvoll Essen, bedachtsam gekaut und bedachtsam geschmeckt, sind uns gedeihlicher als die hastig verschlungene zehnfache Menge. Mit dieser genussvollen Art des Essens verleiben wir uns viel mehr ein, als wir mit dem physischen Auge wahrzunehmen vermögen, nämlich die Elemente Gesundheit, Kraft und Ruhe. Je mehr uns diese Essensart zur Gewohnheit wird, desto mehr erhöht sich unsere Fähigkeit, solche günstigen Elemente an uns zu ziehen.

Wenn wir uns also fröhliche, lebhafte Tischgenossen wählen, die nicht voller Angst und Hast oder reizbar oder von geschäftlichen Sorgen abgelenkt sind, sondern heiter und lustig essen und plaudern, und zwar ohne

den kleinsten hämischen, boshaften, ärgerlichen Beige-
schmack, dann können wir sicher sein, dass die Mahlzeit
unserem Geist und unserem Körper aufs beste bekommen wird.

Dann ist die ganze Tischgesellschaft unbewusst darauf
konzentriert, einen machtvollen wohltätigen Gedankenstrom heranzuziehen. Er wird um so stärker sein, je
mehr Geister sich in diesem Bemühen zusammenfinden.

Ein Mahl, das in der richtigen seelischen Verfassung ge-
nüsslich und fröhlich eingenommen wird, bedeutet ein
Ausruhen für Körper und Geist, auch wenn es eine
Stunde dauert. Wenn wir ausruhen, gewinnen wir
Kraft. Wenn wir in der richtigen Verfassung essen,
wirkt unsere geistige Kraft ebenso stark und vielleicht
noch stärker als sonst auf andere ein, die möglicherwei-
se weit von uns entfernt sind, als zu anderen Zeiten. Wir
«verlieren» also keine Zeit, während wir uns unserem
Vergnügen überlassen, und können es mit gutem Recht
geniessen.

*Jede geistige oder körperliche Tätigkeit sollte uns Freude ma-
chen. Wenn wir am Essen, Schlafen, Spazierengehen und allem
anderen täglichen Tun ständig Vergnügen finden, ist das ein Beweis dafür, dass wir richtig leben.*

Wenn wir beim Essen streiten oder uns auf hitzige, zornige Auseinandersetzungen einlassen, ziehen wir schäd-

liche Einflüsse an, die den Körper schädigen und zermürben, anstatt ihn aufzubauen. Jeder Mundvoll, den man in dieser negativen Stimmung schluckt, dient als Mittel, um Körper und Geist aller Beteiligten schädigende Kräfte zuzuführen.

Wir dürfen uns auch nicht vor und während der Mahlzeit der ängstlichen Besorgnis hingeben, ob diese oder jene Speise uns auch bekommen wird. Niemals dürfen wir uns sagen: «Ach, das werde ich nicht gut vertragen! Das werde ich büssen müssen!»

Mit diesen Gedanken schaffen wir nämlich selbst die besten Voraussetzungen dafür, dass wir das Essen nicht vertragen. Wir setzen unsere Kraft beharrlich in der falschen Richtung ein und schaffen uns genau den Magen, den wir uns in unseren besorgten Gedanken ausmalen.

Sagen oder denken wir lieber stattdessen ohne Gereiztheit: «Dieses Essen wird mir gut bekommen. Es schenkt mir Nahrung und Kraft. Und diesen angenehmen Gedanken verleibe ich mir jetzt mit jedem Bissen ein; je geruhsamer ich jeden Bissen geniesse, desto mehr Kraft und Fröhlichkeit strömt in mich ein. Ich esse zum Preise Gottes, der Höchsten Macht, von der ich ein Teil, ein Kind, bin.»

Das ist ein gutes Tischgebet.

Am besten ist es, überhaupt zu vergessen, dass wir einen Magen besitzen. Jedenfalls sollten wir nicht immerfort an unseren Magen und unsere Verdauung denken. Essen wir wie der Vogel, der bloss weiss, dass die Speise dorthin gelangt, wohin sie von Natur aus gelangen soll; wenn er sie gekostet, genossen und geschluckt hat, schert er sich nicht weiter darum. Wenn wir aber unser geistiges Auge ständig auf einen leidenden Magen richten, werden wir tatsächlich auch bald einen leidenden Magen haben. Was wir denken, erschaffen wir. Was wir ständig im Sinn haben, ziehen wir immer mehr an uns heran.

Was sollen wir essen? Nun, das, was uns am besten schmeckt. Die Natur hat uns den Geschmackssinn geschenkt, damit er den Magen wie eine Schildwache beschirmt. Wenn uns etwas nicht schmeckt, dann sollten wir es nicht essen. Essen, das wir ohne Vergnügen, sondern nur aus Pflichtgefühl verzehren, wird uns auf die Dauer nicht viel nützen. Mit Speisen, die unserem Gaumen nicht angenehm, sondern sogar widerwärtig sind, tun wir Körper und Seele Zwang an. Wenn sie uns überhaupt guttun, beruht das höchstens auf der Überzeugung, dass eine Diät, zu der wir uns zwingen, uns guttun wird. Wenn wir in der gleichen festen Überzeugung, dass sie uns nützen, von den Speisen essen, die wir früher nicht vertragen haben, werden wir nach einer Weile merken, dass ihre ungünstige Wirkung allmählich nachlässt. Dazu braucht es aber eine gewisse

Zeit, denn wenn man jahrelang fest geglaubt hat, dass eine bestimmte Speise einem schadet, kann kein Mensch diese Überzeugung in einem Augenblick abschütteln.

Je frischer Fleisch, Gemüse und Obst sind, desto mehr Kraft enthalten sie. In der richtigen Stimmung genossen, wird die frische Nahrung unserem Geist das Höchstmass ihrer Kraft schenken.

Pökelfleisch und eingelegte Gemüse können uns nur wenig Kraft schenken. Was nach dem Einpökeln und Einmachen davon übrig bleibt, ist das irdischste Element. Das kräftigste Leben ist dahin, denn kein Konservierungsverfahren vermag Früchten und Gemüsen die Lebenskraft zu bewahren, die sie in frisch geerntetem Zustand besassen.

Wenn wir spät abends, vor dem Zubettgehen, hungrig sind, sollten wir etwas Leichtes essen, denn wenn unser Körper während des Schlafs nach Nahrung begehrt, wird auch der Geist auf diesen Pfaden wandeln und uns darum nicht die Kraftelemente vermitteln können, wie er es bei gesättigtem Körper täte.

Vielleicht sind wir in dem Gedanken erzogen worden, dass es sehr ungesund sei, knapp vor dem Schlafengehen zu essen. Dieser Gedanke wird dann zu einem Bestandteil unseres Ichs und bewirkt, dass eine späte Mahlzeit wirklich Schmerzen verursacht.

Das Tier isst, und hierauf schläft es. Seine Verdauung arbeitet im Schlaf ebensogut wie im Wachen, und bei uns ginge es ebenso, wenn wir nur die Natur machen liessen. In England nehmen Millionen Menschen das Nachtessen erst um neun oder zehn Uhr abends zu sich, und die Engländer sind im Durchschnitt genauso gesund wie wir.

Wenn uns irgendeine Speise einmal nicht bekommt, heisst das noch nicht, dass es das nächstemal ebenso gehen müsste. Unser wahres, einziges Ich ist ein ganzes Bündel von Überzeugungen, Meinungen und Gewohnheiten. Wenn unser Magen etwas verdaut oder nicht verdaut, kann das auf Grund einer lange gehegten Einbildung geschehen, an der wir vielleicht unbewusst festhalten. Wir haben sie einfach nie in Frage gestellt, sondern eben geglaubt, dass eine bestimmte Speise, ein bestimmtes Getränk oder eine bestimmte Essenszeit uns nicht bekommen *darf*.

Die Kraft, die dieser langgehegten Überzeugung entspricht, hat dann bewirkt, dass es uns tatsächlich nicht bekommt. Wenn wir den Irrtum ausmerzen und unsere Überzeugung in die andere Richtung wirken lassen, wird ihre Kraft sich auf unseren Magen übertragen, sie wird unsere Verdauung verbessern und der Tyrannei eines störrischen Organs, dessen Launen wir allzulange gehegt und gepflegt haben, ein Ende machen.

Wen es nach Fleisch verlangt, der soll Fleisch essen. Man tut dem Körper ein Unrecht an, wenn man ihm verweigert, was er begehrt. Gewiss, Fleisch ist eine gröbere, derbere Kost als manche andere, aber im Vergleich zu unserem Geist ist ja auch unser Körper etwas verhältnismässig Grobes. Er ist Erde von Erde. Darum verlangt er irdische Speise, die ihm verwandt ist und ihm seinen irdischen Stoff zuführt.

Wir können, während wir Fleisch essen, für Körper und Geist ebenso leicht das Reinste und Beste erbitten, wie wenn wir Früchte essen. Damit machen wir auch das Fleisch zum Vermittler höherer Gedankenelemente.

Sind wir aber in der falschen Verfassung, können wir, auch wenn wir uns nur von Getreideflocken und Erdbeeren nähren, Körper und Geist eine Menge Zorn, Brutalität und andere niedrige Leidenschaften einverleiben.

Die Vergeistigung des Körpers, mit anderen Worten seine Umbildung zu einem Instrument, das willig und geeignet ist, die wunderbaren geistigen Kräfte aufzunehmen, kann niemals durch mechanische Übungen oder erzwungene Methoden erfolgen, sondern nur durch das ernstliche Verlangen des Geistes selbst, das heisst durch sein höheres Streben. Dieses Streben trägt uns allmählich über die Begierden und Forderungen der gröberen Gelüste hinaus und befähigt uns, sie notfalls zu benützen, verhindert aber, dass wir sozusagen «von ihnen benützt» werden. Den Körper in irgendeiner Hinsicht auszuhungern, das hat keineswegs die Wirkung, seine Gelüste zu vermindern oder zu beseitigen. Wenn wir dem Körper Fleisch verweigern, lassen wir vielleicht den Geist darin schwelgen, und das hat schlimmere Folgen, als wenn wir das Verlangen des Körpers erfüllen. Das Essen stillt die Begierde vorübergehend, während ständige Verweigerung zu ständiger Begierde führen kann. Dann verzehrt der Geist andauernd, was dem Körper versagt wurde, und dadurch wird seine Kraft, das heisst unser Denken, zum grossen Teil auf das Verweigerte gelenkt, anstatt sich auf bessere Zwecke zu richten.

Durch die Selbstverleugnung eines starken Willens können die niedrigeren oder gröberen Gelüste nicht unterdrückt werden. Sie werden verdrängt, aber nicht zerstört, und sind jeden Moment imstande, in irgendeiner Form aus ihrer Verdrängung auszubrechen.

Ein Mensch, der gegen seinen eigenen Körper sehr hart ist, neigt oft dazu, gegen alle, die seine Härte nicht billigen oder selber üben können, gleichfalls hart und hässlich zu sein.

In gewissem Sinn können wir unseren Körper vergeistigen, indem wir ihn aushungern. Mit anderen Worten, wir machen unseren Geist für die uns umgebenden Gedanken empfindlicher.

Wir mögen dann jeden Geist um uns herum schärfer fühlen, aber wir dürfen nicht vergessen, dass wir uns auf diese Weise guten ebenso wie bösen Einflüssen öffnen, dass das Böse in irgendwelcher Form weitaus stärker sein kann und dass wir dem Einfluss des Bösen um so weniger Widerstandskraft entgegenzusetzen haben, je mehr wir unseren Körper durch übermässiges Fasten schwächen.

Im Fleisch ist ein positives Element enthalten. Es ist schwer, stark, unelastisch, blind und unnachgiebig wie Roheisen. Es ist der Geist tierischer Wildheit und Störrischkeit. Wenn wir es essen, verleiben wir uns etwas von diesem Geist ein. Doch wir können seine gröbere Beschaffenheit verfeinern und zum Guten nutzen.

Wir leben in der Welt und müssen mit ihr rechnen. In dieser Daseinsphase können wir uns nicht gänzlich von ihr ausschliessen und fern von ihr leben. Mit dieser Methode ist kein wahres Glück zu erreichen. Es ist unsere Aufgabe, uns mit der Welt auseinanderzusetzen, sie zu erkennen, sie von ihrer besten Seite zu nehmen und ihr gleichfalls unser Bestes zu geben.

So mag es sein, dass wir im Umgang mit der Welt ein gewisses positives Element benötigen, das zum Teil von tierischen Organismen geliefert und absorbiert wird. Wir brauchen es zur Behauptung unserer eigenen Rechte. Vielleicht brauchen wir es, um selber positiv zu bleiben und die Irrtümer der anderen nicht aufzunehmen. Wir brauchen deshalb nicht blindwütig roh, halsstarrig oder brutal zu sein. Unser Geist vermag das niedrige tierische Element des Fleisches zu einer milden Festigkeit zu mässigen, zu einer Entschiedenheit, die unerschütterlich ist, ohne rüde, gewalttätig oder brutal zu sein. Das vom Fleisch gelieferte Element kann dem Geist bei der Erlangung dieser Eigenschaften dienlich sein.

Die Menschen der Zukunft werden kein Fleisch mehr essen. Sie werden allmählich dem Bedürfnis wie auch der Begierde nach dieser Nahrung entwachsen. Es ist grausam und unrecht, tierisches Leben zu unserem Nutzen zu vernichten, doch in gewissem Sinn ist dieses Unrecht jetzt noch eine Notwendigkeit.

Unser Geist wandelt sich vom Gröberen zum Feineren. Vor vielen Zeitaltern waren wir körperlich viel gröber und derber als heutzutage, und in künftigen Zeiten werden wir an Geist und Körper unvergleichlich verfeinert sein. So wird also das grobe Material, das in der einen Daseinsphase noch eine Notwendigkeit ist, in der nächsten nicht mehr gebraucht.

Unser Streben wird den Körper letzten Endes von allen übermässig groben Gelüsten befreien. Die ungestümen Gelüste werden gänzlich verschwinden, und es wird auch nicht mehr die früheren Versuchungen geben. Was uns versuchte, wird seine Macht, seinen Zauber verlieren.

Mit dem Geist wird sich auch unser körperlicher Geschmack verfeinern. Wir werden ganz natürlich wählerischer in unserer Nahrung werden und sie vor allem auf geniesserische Art einnehmen. Diese Art allein schon wird eine Schranke gegen alle Unmässigkeit bilden.

Aber wenn wir den Körper kasteien, ihm auf Grund unserer Willenskraft verweigern, wonach ihn gelüstet, und seine Gelüste rigoros unterdrücken, handeln wir nicht im Sinn der Höchsten Macht. Es verrät im Gegenteil einen Mangel an Glauben und Vertrauen in die Höchste Macht. Es ist ein schwacher, untauglicher Versuch, uns auf eigene Füsse zu stellen – uns selber zu höheren Wesen zu machen, obwohl doch nur die Höchste Macht uns dazu erheben kann.

Wenn wir unseren Körper machen lassen und unser Vertrauen ganz in den Grossen Geist setzen, damit er ihn über seine übermässig groben Gelüste und Rohheiten hinaushebt, werden wir durchgehend Tugend und Mässigung erlangen.

Wenn wir aber versuchen, die ärgste Grobheit durch äusserliche, körperliche Methoden auszurotten, wird unsere Tugend nur etwas Äusserliches sein; innerlich aber werden die verdrängten Gelüste dauernd an uns zehren.

Vielleicht denkt hier mancher: «Aber das könnte von vielen Menschen als Vorwand für jede Art von Exzess missbraucht werden!»

Erstens einmal kümmern wir uns nicht um das, was andere tun oder meinen könnten, sondern schauen nur auf uns selber. Im allgemeinen sorgt man sich schon zuviel um die Besserung der anderen, während doch jeder von uns seine eigenen Fehler hat, die dringend nach Besserung schreien und uns viel Kummer bereiten.

Niemand wird ein Vielfrass, solange sein Geist sich gegen Gefrässigkeit und Unmässigkeit richtet. Der auf Verfeinerung gerichtete Geist verfeinert den Körper, doch der Körper vermag den Geist nicht zu ändern.

Durch richtiges Essen allein können wir nicht gebessert, das heisst, geistig und körperlich umorganisiert werden. Unser Wachstum zum Höheren und Besseren wird abgerundet, symmetrisch erfolgen und nicht auf Grund einer Veränderung in irgendeinem Teil unseres Wesens. Der vollkommene, glückselige Mensch wird wie eine vollkommene Blume heranwachsen, bei der jedes Blatt, jedes Staubgefäss in Gemeinschaft mit den anderen und im richtigen Verhältnis zu den anderen Teilen heranwächst.

VOM NUTZEN DES EIGENEN ZIMMERS

Jeder Mensch sollte ein Zimmer ganz zu seiner eigenen Verfügung haben und sehr sorgfältig darauf achten, wem er aus gesellschaftlichen oder beruflichen Gründen Zutritt zu diesem Zimmer gewährt.

Das Zimmer sollte möglichst viel Sonne haben. Es sollte nicht auf der Nordseite oder Schattenseite des Hauses liegen, denn die kalte, düstere Seite jedes stofflichen Dings ist ein körperliches Abbild der düsteren, abstossenden Seite des geistigen, und ständig in dieser Atmosphäre zu leben, ist nicht nur der körperlichen Gesundheit abträglich, sondern verdüstert auch unweigerlich den Geist.

Ein Zimmer, in das die Sonne nicht eindringt, kann weder im materiellen noch im geistigen Sinn gereinigt werden.

Wir brauchen einen Platz auf der Welt, wo wir allein sein können, wenn es uns danach verlangt, und von wo wir alles ausschliessen können, solange wir wollen. Wir brauchen einen Raum, der völlig uns gehört und in den ohne unsere Erlaubnis niemand eindringen kann.

Solch einen Raum brauchen wir, um auszuruhen und unsere Kräfte zu sammeln. Wenn wir nämlich längere Zeit unter Menschen weilen, absorbieren wir notgedrungen mehr oder weniger von ihren Gedanken und eignen uns damit oft die Anschauungen eines niedrigeren Geistes an. Davon können wir uns nur befreien, wenn wir zeitweise allein sind. Dann hat unser eigener Geist die Möglichkeit, seine Macht geltend zu machen. Damit wird er die Macht des fremden Geistes abschütteln und mit seinen eigenen Augen sehen.

Mehr noch. Wenn ein Zimmer uns allein zugeteilt ist, brauchen wir nur die Tür zu öffnen, um weiseren, höheren Intelligenzen reichlich Gelegenheit zu bieten, uns zu erreichen und uns an ihrem geistigen Reichtum teilhaben zu lassen. Sie können uns Ideen vermitteln, die auch im praktischen Leben von grossem Nutzen sind.

Damit schalten wir uns auch in den höheren, konstruktiven Gedankenstrom ein, dessen ganze Wirkung dahin geht, uns innerlich aufzubauen und uns immer grössere Macht zum Wohltun zu verleihen, zunächst zu unserem eigenen, und dann zu anderer Leute Nutzen.

Diesen förderlichen Einflüssen entziehen wir uns selbst, wenn wir stets im gewöhnlichen Gedankenstrom der Welt verharren und ausschliesslich mit Menschen verkehren, die nie aus ihrem Hasten und Jagen und leeren Getue herauskommen. Schon ein einzelner Mensch oder Gefährte, der ständig mit uns zusammen oder uns zu jeder Stunde erreichbar ist, kann uns ebensoviel von diesem niedrigen, schädlichen Denken vermitteln wie zehn Leute. Es macht überhaupt keinen Unterschied, ob die Tür zu diesen niedrigen Gedanken von einem oder von hundert Menschen offengehalten wird.

Was das eigene Zimmer betrifft, meine ich nicht, dass der Mensch wie ein Einsiedler darin hausen sollte; ich behaupte nur, dass wir uns zeitweise von den anderen Menschen zurückziehen müssen, um uns zu sammeln. Es gibt eine Zeit des Alleinseins und eine Zeit der Geselligkeit und des Verkehrs.

Wenn zwei Menschen, die einander sympathisch sind, diese Wahrheit erkennen, wird in ihnen mit wachsender Einsicht auch der Wunsch wachsen, einander bei der Erlangung von immer höherer Gesundheit, Zufriedenheit und Kraft beizustehen. Keiner wird je etwas dagegen einzuwenden haben, dass der andere sich zeitweise gänzlich abschliesst und zurückzieht, weil beide die wohltätigen Folgen einer solchen Pause kennen und sicher sind, gegenseitig daran teilzuhaben.

Wenn wir nämlich an Gesundheit oder sonst an einer günstig wirkenden Kraft wachsen, genügt unser blosser Wunsch, unseren liebsten Menschen daran teilhaben zu lassen – vorausgesetzt, dass dieser Mensch unseren Glauben oder unsere Geisteshaltung teilt –, und wir können ihm tatsächlich etwas von diesen Gütern vermitteln.

Sobald wir in unserem Zimmer allein sind, werden wir uns gar nicht sonderlich bemühen müssen, unseren Geist in den höheren Gedankenstrom einzuschalten oder höhere Intelligenzen an uns heranzuziehen. Wir werden ihre wohltätige Wirkung wahrscheinlich am ehesten verspüren, während wir mit unserer Toilette oder sonst einer gleichgültigen Verrichtung beschäftigt sind.

Die Stimmung, in der wir uns ankleiden oder sonst eine alltägliche Tätigkeit ausführen, wirkt vermittelnd und schafft die geistige Atmosphäre, in welche unsichtbare wohltätige oder – je nachdem – schädliche Individualitäten Eingang finden. Falls wir uns in verdriesslicher, bedrückter oder gereizter Stimmung befinden, wird der dieser Stimmung entsprechende Gedankenstrom angezapft, und auf diesem Strom dringen Gedankenelemente oder Intelligenzen der gleichen Gattung ein und können uns unangenehm werden. Bürsten wir uns aber – um nur ein Beispiel zu nennen – das Haar in heiterer, ruhevoller Stimmung, dann verbinden wir uns mit einem stilleren, klareren, friedlicheren und gleichzeitig mächtigeren Gedankenstrom, und auf diesem Strom vermögen stillere, gelassenere Intelligenzen zu uns zu dringen, vom liebevollen Wunsch und auch von der Macht getrieben, unser verstörtes Gemüt zu besänftigen und uns Ideen zu vermitteln, die mit der Zeit genügend erstarken werden, um uns auf immer über die üblen Wirkungen der verworrenen Geisteselemente in der uns umgebenden Welt hinauszutragen.

Keine körperliche Bemühung ist im geistigen Sinn trivial, denn noch die kleinste Handlung muss in einer bestimmten Geisteshaltung oder Stimmung ausgeführt werden, und diese präjudiziert bereits die Stimmung, in der wir dann die nächstfolgende Tätigkeit verrichten werden. Wenn wir unseren Hut hastig vom Haken reissen und wegstürzen, laufen wir Gefahr, die vielleicht wichtigste Handlung unseres Lebens in der gleichen hastigen, ungeduldigen Stimmung zu vollbringen.

Im Geschäftsleben wie in der Kunst sind Ordnung und Methode die wichtigsten Vorbedingungen für den Erfolg. Die systematische Ordnung, die wir in unserem Zimmer pflegen, überträgt sich auf unsere geschäftliche oder künstlerische Tätigkeit. Während wir ruhig und sorgfältig einen Knoten knüpfen, strahlen wir das Element einer ruhigen Sorgfalt und Überlegung aus, das sich auf eine zu unserem Vorteil wirkende geistige Kraft, ja sogar auf andere, weit entfernte Kräfte und Geister auswirkt. Die gleiche günstige Fernwirkung erreichen wir mit jedem einzelnen schön und ebenmässig geschriebenen Buchstaben in unserem Brief, während ein unleserliches Gekritzel gegen uns gerichtete Kräfte in Bewegung setzen kann.

*Das Zimmer, das einzig uns gehört und von anderen nicht ohne
unsere Erlaubnis betreten werden darf, ist gewissermassen die
Werkstatt, wo wir jene Gemütsverfassung, in der wir ständig zu
leben wünschen, aufbauen.* Wenn wir uns anderen gegenüber nicht zu behaupten vermögen, können wir es doch
uns selbst gegenüber, sobald man uns allein lässt, und
so vermehren wir allmählich unsere Fähigkeit, es auch
anderen gegenüber zu tun. In unserem Zimmer können
wir die positive Geisteshaltung aufbauen, die gerade
den zarten und empfindsamen Naturen bei der Berührung mit der Welt oft so notwendig ist. Eine solche positive Geisteshaltung gleicht einem Panzer, der uns davor bewahrt, uns von groben, herrschsüchtigen Naturen einschüchtern und dominieren zu lassen. Vielleicht
wird uns das nicht auf den ersten Anhieb gelingen, aber
mit der Zeit ganz sicher. Jede solche Geisteshaltung, die
wir uns im Sinne von Recht und Gerechtigkeit errin-
gen, vermehrt unsere Kraft um ein Körnchen, das uns
nie mehr verlorengehen kann. Wir sehen diesen Macht-
zuwachs vielleicht nicht unmittelbar, doch im Lauf der
Jahre wird er deutlich bemerkbar.

Um eine solche Geisteshaltung aufzubauen, müssen wir
zeitweise völlig allein sein.

Wie ich schon öfter sagte, wirken unsere Gedanken
weit in die Ferne. Sie wirken für oder gegen uns auf andere ein. Auf diese Weise vermögen sie unsere geschäft-

118

lichen und materiellen Interessen ständig zu fördern oder zu schädigen. Je nachdem wir sie in wohlwollender oder zorniger Stimmung aussenden, beeinflussen sie andere Menschen zu unserem Vorteil oder Nachteil. Es ist notwendig, uns an diese Tatsache oft zu erinnern, denn jede gesprochene oder gedruckte Mahnung daran verbindet uns enger mit dieser höchst bedeutsamen Wahrheit, so dass sie immer mehr zu einem Teil unseres Ichs wird. So mahnt sie uns ihrerseits immer öfter, unfreundliche Gedanken gegen andere einzudämmen.

Wenn unser Körper allein in seinem Zimmer sitzt, vermag unser Geist zu unserem und anderer Menschen Vorteil zu wirken. Sofern wir nur in der richtigen Geisteshaltung sind, ist es gar nicht nötig, dies bewusst zu versuchen. Das wäre eine Anstrengung des physischen Körpers, während die richtige Geisteshaltung doch in Ruhe, Gelassenheit und Wohlwollen besteht. Sie ist eine Kraft oder eine Masse von solchen Kräften, die wir ständig ausstrahlen, um unsere persönlichen Ziele und Zwecke anderen Geistern mit ähnlichen Zielen und Beweggründen zu übermitteln. Diese Geister werden uns mit der Zeit auch körperlich begegnen und im körperlichen Lebensbereich mit uns zusammenarbeiten, wie sie es jetzt im geistigen Bereich tun. Der geistige Bereich ist weitaus am ehesten dazu geeignet, um in der körperlichen Welt Wirkungen zu erzielen, ja er ist der einzige reale Bereich, in dem überhaupt Wirkungen erzielt werden. Sie müssen erst im unsichtbaren Reich der Gedanken vollbracht werden, bevor sie Gestalt annehmen und körperlich gesehen, berührt, gespürt, verwendet und genossen werden können.

Das Haus, in dem wir in vielen Jahren leben werden, die Kleidung, die wir künftig tragen, die Möbel, die wir benützen werden, schaffen wir gegenwärtig in unserem Geist. Wenn wir nicht nach besserer Wohnung, Kleidung und Einrichtung streben, sondern denken: «Ach, ich bringe es nie zu etwas Besserem!» – dann verrammeln wir dem Besseren tatsächlich den Weg. Dann schaffen wir Minderwertiges und fahren immer fort damit.

Jeder Raum, der einem bestimmten Zweck gewidmet ist oder in dem nur ein bestimmtes Denken geübt wird, füllt sich buchstäblich immer mehr mit dieser Art Denken, und damit wächst zunächst seine Macht, Gutes oder Schlechtes zu tun, ständig an. Anders gesagt: unser Geist erfüllt das Zimmer und strahlt von ihm aus. Jede halbwegs feinfühlige Person wird unseren Gemütszustand augenblicklich beim Eintritt spüren. Wenn unser Gemüt stets friedlich gestimmt ist, wird sie Frieden empfinden, und falls es verwirrt und verstört ist, Verwirrung und Verstörung.

Jedes Zimmer ist von dem Geist erfüllt, den sein Bewohner am häufigsten ausstrahlt, und dieses Geistelement wirkt je nach der Empfindsamkeit und Einfühlungsgabe der Eintretenden stärker oder schwächer auf ihr Denken. So empfinden wir alle den andächtigen Geist der Kirche, auch wenn sie leer ist. Es ist uns in ihr ganz anders zumute als in einer leeren Schankstube.

In einem Zimmer, in dem lange Zeit Pläne für Mord, Diebstahl oder Betrug gesponnen wurden, liegt der Gedanke an Mord, Diebstahl oder Betrug in der Luft, auch wenn die Verbrechen niemals tatsächlich ausgeführt wurden. Die zurückgebliebenen Elemente sind imstande, andere Menschen für die entsprechenden Verbrechen anfällig zu machen. Auch wenn sie nichts derartiges zu vollbringen wagen, werden sie sich in Gedanken damit befassen und sich damit amüsieren, entsprechende Situationen auszumalen. Geister höherer Art, die auch in Gedanken weit über der Möglichkeit solcher Taten stehen, werden sich in der Atmosphäre dieses Zimmers sehr unbehaglich fühlen. Wenn solche höheren Geister es auch nicht zulassen, dass solche Gedanken in sie eindringen, werden sie doch viel Zeit daran wenden müssen, dem fremden Gedankenelement Widerstand zu leisten. Dieser ständige Widerstand aber wirkt bald erschöpfend und zeitigt unbehagliche Gefühle.

Ein Raum, in dem nur Geschäftliches bedacht und besprochen wird, füllt sich bald mit geschäftlichem Gedankenelement und verbindet sich immer enger mit einem geschäftlichen Gedankenstrom. Den Insassen eines solchen Raums werden Ideen und Pläne, wie ein Geschäft zu bewerkstelligen sei, rascher und leichter kommen als an einem anderen Ort. Je mehr Ordnung und Methode in einem solchen Raum herrscht, desto ordentlicher und methodischer wird auch das Geschäft durchgeführt werden. Wird aber dieser Raum zeitweise von hilflosen, verantwortungslosen oder rücksichtslosen Menschen bewohnt oder besucht, bleibt etwas von ihrem Geist zurück, und das kann die Atmosphäre des Raums verfälschen und verderben. Ihr Denken wird mehr oder weniger von dem methodischen und besser geregelten Geist absorbiert werden, und die Nachlässigkeit wird sich irgendwo bemerkbar machen.

Die bewegliche Stiftshütte, welche die Juden auf ihrem Auszug aus Ägypten begleitete, enthielt das «Allerheiligste», einen Raum, den niemand als der Hohepriester betreten durfte. In diesem Raum wurde die wunderbare Macht erzeugt, die sich in diesem Abschnitt der jüdischen Geschichte in so vielen Wundern offenbarte. Diese Macht war das Gedankenelement sehr weniger, erlesener Geister, die auf ein bestimmtes Ziel hinwirkten und an einem bestimmten Ort darüber nachdachten und sprachen. Gedanken, die in einem bestimmten Raum geäussert werden, bleiben buchstäblich darin zurück. Je mehr sie dort besprochen werden, desto mehr von ihnen und ihrer Macht bleibt zurück, vorausgesetzt, dass sie nicht mit Gedanken und Reden anderer Menschen, die andere Ziele und Beweggründe haben, vermischt werden.

Wenn solche Gedanken auf ein bestimmtes Ziel, etwa die Förderung einer Bewegung oder die Erweiterung eines Geschäfts gerichtet werden, so bleibt von der bestimmten Kraft, die zur Förderung der Bewegung oder des Geschäfts notwendig ist, ein Teil in dem Raum zurück. Wenn wir ihn dann verlassen und an das Geschäft oder die Bewegung selbst herangehen, nehmen wir einen anderen Teil dieser Kraft mit. Wir hüllen uns sozusagen in das entsprechende Gedankenelement, und wenn wir anderen Menschen begegnen, die irgendwie an dem Geschäft oder der Bewegung interessiert sind, beeinflusst es sie zu unseren Gunsten.

Dieses Element ist es auch, das uns zu jenen hinzieht, welche die gleichen Interessen und Triebgründe haben wie wir. Wenn wir in einem Raum nur von Betrug reden und daran denken, wird die so erzeugte Macht uns mit einer Atmosphäre von Betrug umgeben, dadurch andere Betrüger anziehen und uns selber bei unseren Betrügereien helfen; eine Zeitlang mag uns das Erfolg bringen, doch auf Grund eines unabdingbaren Gesetzes muss es uns schliesslich ins Elend führen.

Wenn wir von einem wichtigen Geschäft wahllos an vielen verschiedenen Orten reden, bedingt das einen Kraftverlust, denn wir lassen überall etwas von unserer Kraft zurück. Wenn wir es aber strikt an einem bestimmten Ort besprechen, und zwar mit einem oder mehreren Menschen, die es ebenso ernst meinen wie wir, speichern wir diese Kraft, dieses Gedankenelement in einem einzigen Raum und können dann nach Belieben daraus schöpfen.

Jeder Raum und alles, was darin steht, ist buchstäblich mit den Gedanken gesättigt, die dort am häufigsten behandelt und besprochen werden. Wir tauchen sozusagen in dieses Gedankenbad ein, sobald wir eintreten. Wenn dort vor allem leeres Geschwätz, zänkisches, neiderfülltes oder skandalöses Gerede zum Ausdruck gelangt, dann baden wir in Gezänk, Neid und Skandal. Wenn aber vor allem Friedfertigkeit, Selbstbeherrschung und guter Wille gepflegt werden, so baden wir in diesen Neigungen und werden ihre wohltätige Wirkung spüren. Wenn ein Raum insbesondere einer bestimmten Kunst, etwa der Malerei, der Bildhauerei oder der Musik gewidmet ist, oder auch dem Studium und der Ausführung irgendeiner Erfindung, so wird die Gedankenatmosphäre des Raums immer höher mit der Kraft aufgeladen, Verbesserungen und hilfreiche neue Ideen zum Nutzen dieser Kunst hervorzubringen; immer vorausgesetzt, dass nur solche Leute ihn betreten, die dieser Kunst und Erfindung lebhaftes Interesse entgegenbringen und gleichzeitig den lebhaften Wunsch empfinden, sich selbst zu verbessern und anderen zu nützen.

In einen Raum, der mit solchem Gedankenelement gesättigt ist, können individuelle, wenn auch körperlich unsichtbare Intelligenzen, die in jener Kunst, Erfindung oder Betätigung, welcher der Raum geweiht ist, begabt sind, eintreten, und sie werden der betreffenden Kunst, Erfindung oder Betätigung förderlich sein.

Wenn aber unser Arbeitszimmer, ob es nun der Kunst, dem Geschäft, einer Erfindung oder dem Schreiben geweiht ist, gleichzeitig einen Treffpunkt für Geschwätz und Klatsch bildet, einen Raum, wo müssige, ziellose Geister herumstreifen und ihre Zeit sinnlos vergeuden, einen Ort für pöbelhaft gemeine Scherze, dann werden schädliche Gedankenelemente eingeschleppt, die seine Atmosphäre stören und unsere Fortschritte zu dem von uns angestrebten Ziel ganz sicher hemmen werden.

In eine solche Atmosphäre kann der höhere Geist der unsichtbaren Intelligenzen nicht eintreten. Es ist, wie wenn schlammiges Wasser in einen kristallklaren Strom flösse.

Ganz gleich, welches Ziel oder Tun wir verfolgen, es wird diesem Gesetz gemäss ausserordentlich gefördert, wenn ein Zimmer ausschliesslich diesem betreffenden Ziel gewidmet ist. Je weniger Gedanken anderer Art Einlass finden, desto grössere Macht wird die ideenspendende Atmosphäre eines derart zweckbestimmten Raumes erlangen.

Wir werden bald entdecken, dass in einem von schädlichen Gedankenelementen freigehaltenen Raum unser Können in jeder Kunst oder Betätigung viel raschere Fortschritte macht. Wenn es unser Geschäftsraum oder Geschäfts-«Allerheiligstes» ist, werden Pläne zur Förderung des Geschäfts sich dort klarer und reichhaltiger präsentieren als an jedem anderen Ort.

Die mächtigste Kraft zur Förderung von Kunst, Geschäft und jeder anderen Tätigkeit wird an jenen Orten erzeugt, wo das Denkelement von Recht, Gerechtigkeit und Wohlwollen vorherrscht. Die Welt soll wissen und darf nie vergessen, dass die höchste Kunst und das erfolgreichste Geschäft stets auf Recht, Gerechtigkeit und Wohlwollen beruhen müssen.

In jedem Theater ist die Bühne vom übrigen Haus abgetrennt. Das im Bühnenraum vorherrschende, von vielen Geistern ausgestrahlte Gedankenelement betrifft ausschliesslich die Schauspielkunst, der ganze Raum ist davon erfüllt. Darum vermag jeder dort seine Rolle mit grösserer Leichtigkeit und Kraft zu verkörpern als in einem beliebigen anderen, öffentlichen oder privaten

Saal, wo vielerlei andere Gedanken zu Wort kommen. Unser Zimmer, das mit dem für uns förderlichsten Gedankenelement gefüllt ist, wird wie ein Magnet auch die persönlichen Verbindungen anziehen, die für uns am günstigsten und erfreulichsten sind. Es ist nicht natürlich, dass der Mensch allein sei. Jeder Mann und jede Frau sollte ihre Ergänzung oder «Vervollkommnung» in einem, aber nur einem einzigen Vertreter des anderen Geschlechts finden.

Ich will damit nicht behaupten, dass die zeitweise Absonderung und Zurückgezogenheit in ein Zimmer *allein* genügen, um unsere Kraft zu erhöhen. Ich behaupte aber, dass die zeitweise Absonderung und Zurückziehung einen unerlässlichen *Teil* des Vorgangs bildet, der die Erhöhung unserer Kraft bewirkt.

«Woher weisst du so genau, dass alle deine Behauptungen auch stimmen?» wird mancher mich fragen. Ich weiss, dass diese Ideen auf Wahrheit fussen, weil ich sie, soweit ich konnte, an mir selbst erprobt habe. Doch es ist nicht an mir, diese Ideen voll und ganz zu beweisen. Es ist am Leser dieses Buches, der mir bisher mit dem Interesse, das auf ein gewisses Mass an Vertrauen hindeutet, gefolgt ist, sich dieser Ideen zu bemächtigen und sie, soweit er dazu geneigt ist, an sich selbst auszuprobieren. Immer nur zuhören, weil Zuhören bequem ist, aber selber nur wenig oder gar nichts mit dem Gehörten unternehmen – das wird in keiner Richtung Fortschritte bringen. Wir tun alle genau so viel, als es dem Mass unseres Glaubens entspricht. Wenn wir keinen Glauben haben, werden wir wenig oder gar nichts tun. Dafür sind wir nicht zu tadeln.

Die *White Cross Library* besteht jetzt seit drei Jahren. Sie wurde gemäss den von mir verkündeten Prinzipien gegründet und ist in Übereinstimmung mit diesen Grundsätzen gewachsen. Heute habe ich Leser in sämtlichen Weltteilen. Ich benütze keine der alten Methoden, um mein Geschäft zu betreiben, ich mache keine Reklame für meine Bücher und verlange von niemandem, dass er dafür Reklame macht. Ich arbeite mit keinem Verlag zusammen, der mich dem Publikum grossartig präsentiert. Ich begann meine Veröffentlichungen in einem obskuren Bostoner Photo-Atelier, mit kaum genug Geld, um tausend Exemplare der ersten Nummer zu drucken. Damals hatte ich keinen einzigen Abonnenten und hätte nicht gewusst, wo ich einen hernehmen sollte. Ich habe nie Subskriptionen gesucht. Ich habe die einfachsten Mittel benützt, um meine Bücher bekannt zu machen, und die Ergebnisse der Zeit überlassen.

Ich benutzte dort, und darum rede ich hier von diesen Dingen, ein Zimmer und *nur dieses eine Zimmer,* um mein Projekt zu besprechen, und besprach es nur mit Menschen, die sich besonders dafür interessierten. Ich sprach selten öffentlich, vor einem grösseren Publikum, darüber, wie etwa in Restaurants oder anderen Orten, wo Menschen zusammenkommen, und wenn ich es einmal versehentlich tat, hatte ich das Gefühl, mir selbst zu schaden. Ich erhielt Hunderte von Briefen von Personen, die meine Ideen priesen und mir für die Hilfe dankten, die ich ihnen glücklicherweise hatte leisten können. Verschiedene Zeitungen brachten spontan wohlwollende Besprechungen, um die ich sie nie ersucht hatte.

Es gab auch düstere Stunden und entmutigende Zeiten für mich. Das wäre allerdings nicht nötig gewesen. Ich schuf sie mir in meiner eigenen Einbildung, aus unbezwinglicher Angst. Ich behaupte nicht, dass ich selbst alles praktiziere, was ich in diesem Buch rate. Aber meine diesbezüglichen Fähigkeiten wachsen und werden sich immer mehr erhöhen − genau wie bei meinen Lesern. Die Erkenntnis ist Sache eines Augenblicks. Die Entwicklung, die durch solche Erkenntnis bewirkt wird, braucht ihre Zeit.

In meinem Zimmer verlange oder erbitte ich die Kraft, um mein Geschäft vorwärtszubringen. Ich erbitte auch grösseres Vertrauen in meine eigene Kraft. Ich falle nicht auf die Knie, um zu beten, und kleide mein Verlangen nicht in starre Formeln. Ich führe mit meinen Freunden einfach eine Diskussion oder eine gemeinsame Besprechung irgendeiner geschäftlichen Idee oder

Einzelheit in der ruhigen Geisteshaltung oder Gemütsverfassung durch, die vom Glauben an eine höhere
Weisheit zeugt und sie zur Unterstützung herabruft.
Wir vermeiden alles, was einer Auseinandersetzung
gleicht. Wenn Meinungsverschiedenheiten auftauchen,
die sich nicht unmittelbar ausgleichen lassen, warten
wir einen oder zwei Tage lang, denn wir wissen, dass
der mittlere Weg oder die richtige Lösung sich mit der
Zeit meist von selbst präsentiert. Wir haben keine starren Vorschriften für den Zeitpunkt oder die Form unserer Besprechungen, doch wir bemühen uns, sie in
halbwegs gleichmässigen Abständen abzuhalten.

Ich glaube, dass wir auf diese Weise die Kraft erzeugen,
die unser Geschäft vorwärtsbringt. Ich kann nicht sagen, wie diese Kraft im einzelnen wirkt, aber dass sie
wirkt, sehe ich an den Ergebnissen, und ich interessiere
mich mehr für die materiellen Erfolge als für die unver-
zügliche Lösung von Mysterien.

Wir nennen das Geschäft nicht «unsere Sache». Wir bitten nicht um Spenden oder Vergünstigungen «für eine
gute Sache». Ich nenne es ein Geschäft. Ich schreibe den
Ideen, die ich verkünde, einen gewissen Wert zu, wie jeder anderen verkäuflichen Ware, und wenn ich diesen
Wert einlöse, erhebt mich das über die Versuchung,
Spenden für ein «wohltätiges Werk» zu erbitten. Dabei
halte ich aber meine Tätigkeit für ein gutes Werk, ein

um so besseres, als es sich selbst erhält und bezahlt macht. Ich hoffe auch, durch den geschäftlichen Erfolg ein Prinzip und ein Gesetz zu beweisen. Dann sage ich zu allen anderen: «Soviel als ich von dem Gesetz und dem Prinzip hier darzulegen vermochte, steht euch genauso zur Verfügung wie mir. Ihr könnt es benützen und darauf weiterbauen.» Es ist so frei wie die Luft. Ich beweise es, erziele damit einen gewissen Erfolg und hoffe, in Zukunft einen noch viel grösseren zu erzielen. Kann ich den Menschen einen grösseren Gefallen tun, als ihnen das Gesetz aufzuzeigen, mit dem man in jeder Tätigkeit Erfolg erzielt, und es ihnen frei zur Verfügung zu stellen?

AUTONOMIE UND PARTNERSCHAFT: VON DER RICHTIGEN EHE

Heutzutage leben viele Eheleute, was ihr Tun und Denken betrifft, in ganz getrennten Welten. Diese Welten sind weder gesund noch natürlich. Der Mann lebt meist in seinem Geschäft, in seiner Kunst, seinem Handwerk oder seinem sonstigen Beruf. Er geht morgens in sein Büro, seinen Laden, seine Werkstatt, kurz: an seine Arbeitsstätte, und kehrt erst abends nach Hause zurück. In den meisten Fällen hat seine Frau keine Ahnung von seinem Geschäft und dessen Einzelheiten. Falls der Mann krank würde, könnte sie es nicht weiterführen. Sie muss es anderen überlassen und ist somit häufig ganz fremden Leuten ausgeliefert.

Viele verheiratete Frauen gehen gänzlich in ihrer häuslichen Welt und der Fürsorge für die Kinder auf. Sie gehen einkaufen und pflegen in mehr oder minder hohem Mass Verkehr mit anderen Frauen.

Was die Eheleute von ihrer beiderseitigen Tätigkeit wissen, ist oft wenig genug! Die Frau weiss, dass ihr Mann Advokat, Kaufmann, Hufschmied ist. Das ist so ungefähr alles. Der Mann hat häufig so vage Begriffe von den Sorgen und Pflichten der Frau, dass man ihn behaupten hört, «er könnte all das in einer Stunde bewältigen» – mitsamt dem Putzen und Fegen, dem Einkaufen und Kochen, der Pflege und Erziehung der Kinder und den unzähligen Handgriffen, die nötig sind, um ein Haus vom Keller bis zum Dachboden, vom Kochherd bis zum Wäscheschrank in Ordnung zu halten.

Wie kann der Mann lebendigen Anteil an der häuslichen Arbeit und der Welt seiner Frau nehmen, wenn er so wenig davon weiss? Wie kann die Frau lebendigen Anteil an der Berufsarbeit des Mannes nehmen, wenn sie keine Ahnung davon hat? Wenn sie ihn einmal im Laden, im Büro, in der Werkstatt aufsucht, begreift sie wenig oder nichts von den Dingen, die ihn umgeben, und von der Art seiner Arbeit. Warenballen, Fässer, Kontobücher, Metall, Wolle, Baumwolle, Öl, womit immer er auch handeln mag, interessieren sie nicht stärker und bedeuten ihr nicht mehr als an dem Tag, da sie ihn kennenlernte. Im Gegenteil, die Dinge erscheinen ihr immer lästiger und langweiliger.

Der Mann bringt oft sein Geschäft in Gedanken mit nach Hause: seine kaufmännischen oder juristischen Probleme, Spekulationen, Erfindungen oder seinen sonstigen Beruf – Wissenschaft, Medizin, Kunst oder was er eben treibt. Während er bei Tisch sitzt, denkt er vielleicht an diese Dinge, und abends weilt sein Geist bei ihnen. Vielleicht unterhält er sich damit, in Gedanken einen Geschäftsbrief nach Kalkutta zu schreiben.

Wo ist der Mann in solchen Augenblicken? In dem Zimmer, wo sein Körper weilt? Nein, bestimmt nicht. Der Mensch ist nicht unbedingt dort, wo sein Körper sich gerade aufhält. Der Mensch ist in Wirklichkeit dort, wohin seine Gedanken wandern. Wenn seine Gedanken eine halbe Stunde lang fest auf einen Geschäftspartner in Kalkutta gerichtet sind, während der Körper in New York ist, dann hält sich ein weit grösserer Teil des Mannes in Kalkutta als in New York auf.

Der Mann hat seinen Körper nach Hause gebracht, aber vergessen, seinen Geist mitzubringen. Der war vermutlich in Kalkutta, als er die Haustür aufschloss. Falls er einen angenehmen, unterhaltsamen Geist besitzt und den Geist auf seinen Körper einwirken lässt, um mit der Frau zu plaudern und sie mit seinen Ideen zu unterhalten, dann spürt die Frau wenig oder nichts von seiner angenehmen Gesellschaft, denn der Mann hält sich ja in Wirklichkeit in Kalkutta auf – oder vielleicht auch in seinem Klub oder in seiner Werkstatt oder bei Gericht, wo er zwar erst morgen zu tun hat, aber schon jetzt anwesend ist.

Als er um seine Frau warb – und vielleicht denkt sie gerade daran –, brachte er bei seinen Besuchen weit öfters seinen Geist mit und war nicht so oft geistig abwesend wie jetzt. Damals war es wichtig, Körper *und* Geist mitzubringen und beisammen zu halten, denn er war vielleicht seiner Liebsten noch nicht ganz sicher und musste sich um sie bemühen und sie unterhalten. Damals hätte es seinen Interessen schaden können, sich geistig zeitweise nach Kalkutta zu begeben.

Die Besuche des Mannes in Kalkutta würden seine Frau weniger verdriessen, wenn sie ihn im Geiste begleiten und sich für die gleichen Dinge interessieren könnte. Doch er reist allein in seiner Welt herum und lässt sie in ihrer Welt zurück: das heisst, in der besten Welt, die die Frau sich unter diesen Umständen selber schaffen kann, während sie sich doch danach sehnt, mit ihrem Mann zusammen in seiner Welt aufzugehen und alles dort mit ihm zu teilen.

Denn das ist der richtige Platz und das göttliche Recht der Ehegattin.

Wenn die Frau nicht mit der Zeit abgestumpft wird — gleichgültig gegen dieses häusliche Leben in zwei getrennten Welten, gegen diese zwei Körper in einem Zimmer, deren Geist nicht in Verbindung steht —, dann wird sie Kummer empfinden, Enttäuschung, ein Gefühl der Unruhe, dessen Ursache sie selbst kaum begreift. Sie hat doch, wie man so schön sagt, einen «guten Mann». Er sorgt recht für sie und erfüllt ihre Wünsche. Sie meint, sie hätte wahrhaftig keinen Anlass, sich zu beklagen. Trotzdem wird sie dieses unbefriedigte Gefühl nicht‹ los. Sie denkt: ‹Das ist also das berühmte

Eheglück? Wie eintönig das doch ist! Dabei habe ich alles, was eine Frau von der Ehe erwarten kann: ein eigenes Heim, einen guten Mann – und jeden Abend Kalkutta . . ›

Ist die Frau aber stumpf geworden und gibt sich mit der Gesellschaft seines Körpers zufrieden, während der Geist ihres Mannes woanders weilt, dann kann sie sich der grossen Schar von geistesverwandten Frauen anschliessen, deren Männer im Geist fast immer in einem nahen oder fernen Kalkutta weilen. Es gibt heute eine ausschliesslich weibliche Welt, die von solchen Ehefrauen geschaffen wurde. Sie verkehren viel mehr mit Frauen als mit Männern und finden mehr Gemeinschaft mit ihren Geschlechtsgenossinnen. Sie gehen gemeinsam einkaufen und besuchen einander gegenseitig. Der Mann ist meist nicht da. Er ist, wie man sagt, im Geschäft unabkömmlich, er wird von seinem Beruf voll in Anspruch genommen.

An ungezählten Orten, die man «Heim» nennt, bewirkt der Eintritt des Ehemannes oder eigentlich jedes Mannes in ein Zimmer, wo mehrere Mitglieder der Ehefrauenwelt versammelt sind, dass die Gespräche augenblicklich verstummen oder die ganze Gruppe sich zerstreut. Warum? Weil sie, dank langer Gewohnheit, entweder ihr Gespräch nicht vor ihm weiterzuführen wagen oder weil sie sich nicht vorstellen können, dass es ihn interessiert. Es betrifft ausschliesslich ihre eigene Welt. Und es ist auch für den Mann nicht leicht, in diese Welt einzudringen – selbst, wenn er Lust dazu hätte. Er fühlt, dass eine Schranke zwischen ihm und dieser Welt besteht. Er fühlt das Widerstreben der Frauen, das Gespräch, das sie eben noch so interessierte, vor seinen Ohren weiterzuführen. Manchmal hat er sogar das Gefühl, dass sie ihn wegwünschen – und das tun sie ja auch.

Er fühlt sich so wenig am Platz wie eine Dame, die sich unter eine Gruppe von Männern *«down town»* verirrt, die über Börsenkurse oder Politik oder Geschäft sprechen – oder was so als «Geschäft» gilt.

Diese Männer leben in ihrer spezifisch männlichen Welt – in einer Welt, die seit vielen Generationen von Männern aufgebaut wurde und zu der eine Frau nur sehr schwer Zutritt findet.

Bis zu einem gewissen Alter gesellen sich Jungen und Mädchen in vollkommener Gemeinschaft zusammen. Sie spielen zusammen und messen sich mit dem gleichen Vergnügen und der gleichen Gewandtheit im Laufen, Springen und Klettern, in winterlichen Schneeballschlachten und sommerlichen Ausflügen in Feld und Wald.

Warum kann diese kameradschaftliche Gemeinschaft nicht andauern? Was hat der junge Mann denn davon, dass er mit seinem Wasser- und Ballsport und seinen meisten Vergnügungen in einer ausschliesslich männlichen Welt lebt, in der Mädchen fast nur als Zuschauerinnen Eingang finden – obwohl sie seit kurzem auch als Teilnehmerinnen merklich an Grund gewinnen.

Vor undenklich langen Zeiten behauptete der Mann, er wäre auf Grund seiner grösseren Muskelkraft für viele Tätigkeiten besser geeignet als die Frau ...

Der Mann wusste nämlich nicht, dass seine Muskelkraft ohne die Nähe des weiblichen Elements oder Gedankens versagen würde. Er wusste nicht, dass die Geistes- und Körperkraft des Mannes um so grösser wird, je näher sich Mann und Frau in ihren Neigungen und Interessen kommen. Er wusste nicht, dass auch ihre Kraft bei seiner Arbeit mitwirkte und dass, falls er all ihre Kraft abnahm und sie nicht mit Sympathie abgalt, der ganze Vorrat sich auf eine Seite verlagern würde, so dass mit der Zeit alle beide ihre Kraft einbüssen würden.

Was heisst: «Falls er all ihre Kraft wegnahm?» Folgendes: Wenn die Gedanken der Frau sich in Form von Sympathie auf den Mann richten, führt ihm dieser Gedankenstrom buchstäblich geistige und körperliche Kraft zu.

Warum macht Tanzen mehr Freude, wenn Männer und Frauen miteinander tanzen, als wenn jedes Geschlecht die Übung für sich betreibt? Weil die Verbindung von männlichen und weiblichen Gedankenelementen beide Teile froh stimmt.

Ohne die Nähe des weiblichen Gedankenelements nützen sich die Männer körperlich rascher ab. Das zeigt sich sehr gut in den abgelegenen Bergwerksgebieten des Westens, die ausschliesslich von Männern bevölkert sind.

Eine ausschliesslich weibliche Welt ist ebenso ungesund und unnatürlich wie eine ausschliesslich männliche Welt. In der männlichen Welt ist die Frau ein Eindringling. In der weiblichen Welt ist der Mann der Eindringling. Wo das männliche Element das weibliche verdrängt, herrscht Grobheit. Wo das weibliche Element das männliche verdrängt, kommt es zu Beschränktheit und übertriebener Prüderie, die zum Schluss so weit gehen kann, dass man in allem, was männlich ist, etwas Sündhaftes sieht. Das erst macht das Denken dann wahrhaft unrein!

Wo also der männliche den weiblichen Geist auf irgend eine Weise verdrängt und verwirft, kommt es in unmittelbarer Folge gleichermassen zu geistiger und körperlicher Schwäche. Wo der weibliche Geist den männlichen verdrängt und ausschliesslich in seiner eigenen Welt lebt, wird das weibliche Element geistig und körperlich entsprechend geschwächt.

«Mann und Weib schuf er sie.» Nirgendwo in der Natur hat der Geist des Unendlich Guten, nämlich Gott, eine

140

ausschliesslich männliche oder ausschliesslich weibliche Welt geschaffen. Wir sehen es in Feld und Wald, denn allenthalben im Pflanzenreich finden wir das männliche Organ oder Prinzip und das weibliche Organ oder Prinzip; beide sind zum vollkommenen Gedeihen und zur Befruchtung der Pflanze notwendig. Kein Erdbeerbeet, kein Kornfeld wird Ernte bringen, wenn diese beiden Elemente nicht vereinigt werden.

In der komplizierteren Welt des Geistes erzeugen der männliche und der weibliche Geist in ihrer Wechselwirkung weit bedeutsamere Ergebnisse. In allen Interessen, allen Geschäften, allen Vergnügungen, kurz: in allem Leben muss sich männlicher und weiblicher Geist vermischen. Wo er sich so vermischt, und wäre es auch unvollkommen, ist sofort mehr Leben.

Der weibliche Geist ist seiner Natur nach vom männlichen verschieden. Er wirkt auf die männliche Natur sowohl beruhigend als auch anregend und inspirierend. Er verleiht dem Mann tatsächlich eine wesentliche Kraft zur Betreibung seines Berufs oder Geschäfts, die er in seiner Unwissenheit meist gänzlich für seine eigene, aus sich selbst geschöpfte Kraft hält. Der Mann wäre vielleicht gar nicht fähig, im Geist nach Kalkutta zu schreiben, wenn seine Frau sich nicht im gleichen Zimmer oder zumindest im gleichen Haus aufhielte. Wenn die Frau nicht da ist, fühlt er sich unbehaglich.

Er kann «seine Gedanken nicht konzentrieren». Sobald die Frau hereinkommt und sich zu ihm setzt, kommt er mit seiner Arbeit wieder vom Fleck und unterhält sie mit dem Gekratze seiner Feder.

Warum ist das so? Weil das weibliche Element oder Denken, das er in sich aufnimmt, ihm genau die Kraft schenkt, die er braucht, um sich nach Kalkutta zu begeben. Wenn die Frau in der Nähe ist, empfindet er ein Wohlbehagen, das er sich selbst nicht erklären kann. Es wird von der Liebe und Sympathie bewirkt, die ihm von der Frau zuströmt. Davon nährt er sich ebenso wie von Brot.

Wenn die Gedanken der Frau sich gänzlich auf einen anderen Mann oder andere Interessen richteten, würde er sich unruhig und unbehaglich fühlen, auch wenn er keine Ahnung davon hätte.

Manche Ehemänner sind nicht einmal imstande, sich selbst durch stundenlanges Zeitunglesen zu unterhalten, sofern ihre Frau nicht im Zimmer ist. Noch die Kraft zum Zeitunglesen schöpfen sie aus dem Denken ihrer Frau.

In gleicher Weise benützt der Mann die Kraft seiner Frau in seinem Geschäft, seiner Werkstatt, seinem Büro – überall. Denn Liebe und Sympathie, die einem Menschen zuströmen, sind eine Quelle seiner Kraft, nicht weniger als Brot und Fleisch.

Warum sterben so viele Männer in mittleren Jahren dahin, sobald der irdische Leib ihrer Frau verstorben ist? Weil sie plötzlich vom weiblichen Element abgeschlossen sind, dass sie ihr Leben lang in sich aufgenommen und als Nahrung verwendet haben.

Wer ist schuld daran? Ausschliesslich der Mann? Nein. Die Schuld liegt ebensosehr bei der Frau. In Tat und Wahrheit liegt sie wohl bei keinem von beiden, solange sie nicht ahnen, wie notwendig und wertvoll sie einander sind. Wenn wir täglich etwas empfangen, was uns am Leben erhält, aber nicht wissen, dass wir es empfangen oder dass eine solche Substanz überhaupt existiert, dann kann niemand uns tadeln, wenn wir anders handeln und anders leben, als wir es täten oder tun sollten, wenn wir das wüssten.

Doch wenn es uns bewusst ist, dass wir einem anderen unsere ureigene Lebenssubstanz schenken, dass wir ihm ein Element schenken, das ihn am Leben erhält und ihn befähigt, sein Geschäft zu führen; wenn wir das alles wissen und trotzdem von ihm kein Äquivalent dafür fordern, dann sind wir selber schuld.

Worin besteht das Äquivalent, das die Frau erhalten sollte? Darin, dass ihr die Gedanken des Mannes zuströmen, dass er sie in den gemeinsamen Mussestunden zu unterhalten wünscht, wie er es vor der Heirat tat, als er sie zu gewinnen suchte. Diese Gedanken würden sie körperlich und geistig stärken, wie sie es damals taten. Nahrung und Kleidung und ein Dach über dem Kopf sind nicht die einzigen lebenswichtigen Bedürfnisse. Nicht um dieser Dinge willen hat die Frau geheiratet. Sie hat sozusagen den Geist ihres Gatten geheiratet. Von diesem Geist wurde sie angezogen. Er war es, der ihr gefiel. Während er um sie warb, empfing sie von diesem Geist ein Element, das ihr eine Quelle der Freude war. Jetzt erhält sie es nicht mehr und empfindet den Verlust. Das kommt daher, dass er zu oft in Kalkutta weilt, während er neben ihr sitzt.

Er hat das Recht, die Kraft, die er von ihr gewinnt, für die tägliche Arbeit im Geschäft zu verwenden. Er hat aber kein Recht, abends heimzukommen, weiterhin Kraft aus der Frau zu schöpfen und diese Kraft für weitere Geschäfte zu verwenden. Er sollte sie in seinem eigenen Geist verwenden, wie er es damals tat, als er bereit war, meilenweit durch Schnee und Regen zu wandern, um ein Stündchen mit dem geliebten Mädchen zu plaudern.

Wenn beide, Mann und Frau, denken, dass es notwendig ist, diese Kraft ständig, zu allen Tages- und Nachtzeiten, für geschäftliche Zwecke zu verwenden, dann haben sie einfach nicht begriffen, dass zum Zweck der beiderseitigen Erholung und Erquickung die beiderseitigen Kräfte zu verschiedenartigen Betätigungen verwendet werden sollten, so dass ein Teil des Geistes ausruhen kann, während ein anderer beschäftigt ist. Das Geschäft wird nicht so gut geführt, wenn der Mann Tag und Nacht, beim Essen und zu allen Stunden nur ans Geschäft denkt. Diese Gewohnheit reibt ihn vorzeitig auf, sie führt zu Schlaflosigkeit und Nervosität. Wenn wir, wie es manchmal wohl vorkommt, «alles satt haben», wenn wir der ganzen Welt überdrüssig sind, rührt das daher, dass eine Abteilung unseres Geistes und Lebens überlastet ist. Dann mangelt es uns an der Fähigkeit, eine andere Seite des Lebens aufzusuchen und dort zu weilen. Ein Mann und eine Frau, die das begriffen haben, werden mit der Zeit zusammen viele vorher vernachlässigte Seiten des Lebens entdecken, wo sie sich aufhalten können.

Der weibliche Geist nimmt seiner Organisation nach alle feineren und höheren Gedanken oder Ideen früher auf. Er übermittelt diese Gedanken oder Kräfte jenem männlichen Geist, von dem er sich am stärksten angezogen fühlt. Der weibliche Geist ist ein feineres, zarteres Instrument zum Empfang und zur Übermittlung solcher Ideen, als es der männliche ist. Das männliche Denken oder männliche Element hingegen ist lebenswichtig, um dieses Instrument im besten Zustand zu erhalten und ihm mittels seiner Liebe Kraft, Freude und Halt zu gewähren.

Der männliche Geist gleicht dem Baumstamm mit seinen Wurzeln, der das belaubte Astwerk trägt. Stamm und Wurzeln gehören mehr der Erde an, sie sind härter und kräftiger – aber wenn das Laubwerk zerstört wird, müssen Stamm und Wurzeln sterben. Der weibliche Geist gleicht den Zweigen und Blättern des Baumes, die als erste das Sonnenlicht empfangen, so wie der weibliche Geist als erster die höheren, feineren Gedanken und Kräfte aufnimmt. Wenn also der weibliche Geist irgendwie gehindert wird, seine ihm eigentümliche Aufgabe zu erfüllen, nämlich die feineren Eindrücke aufzunehmen, wird der männliche Geist darunter leiden, und dann leidet der männliche Körper notgedrungen mit. Der weibliche Geist wird erschlaffen und verwelken, sobald er keine Kraft mehr vom männlichen Geist empfängt, und wenn der Geist erschlafft, tut es ihm der Körper bald nach.

Der männliche Geist wird weitaus klarer, kräftiger und ausgeglichener sein, wenn er mit der Zeit begreifen lernt, dass er stets auf diesen Gedankenfluss aus dem weiblichen Geist ansprechen muss; das heisst: er darf die Kraft, die er aus dem weiblichen Geist empfängt, auf keine andere Bemühung verwenden als die, seiner Frau ein guter Gefährte zu sein. Wenn Mann und Frau beisammen sind, sollten auch ihre Gedanken beisammen sein. Die Gedanken sind aber nicht beisammen, wenn der eine Teil etwas tut, was den anderen nicht interessieren kann. Die Gedanken sind nicht beisammen, wenn die Hälfte des männlichen Geistes ständig mit Dingen befasst ist, an denen die Frau keinen tätigen, lebendigen Anteil nehmen kann.

Die wahre Partnerschaft bedeutet mehr, als dass Mann und Frau einander ihre Sorgen erzählen und über ihre Schwierigkeiten klagen. Was kann es nützen, wenn man seine Schwierigkeiten einem Menschen klagt, der nicht die Macht hat, einem zu helfen, und zu dessen Urteil man wenig oder kein Vertrauen hat?

Das gegenseitige Austauschen und Vermischen von männlichem und weiblichem Denken ist unerlässlich für das geistige und körperliche Wohlbefinden beider Teile. Wenn dieses Grundgesetz erst einmal besser verstanden und in die Praxis umgesetzt ist, werden verheiratete Männer und Frauen einen höheren, gesünderen Körperzustand erreichen, als es jetzt möglich ist, denn das wechselseitige Geben und Empfangen ihres spezifischen Denkens bringt eine Erfüllung, die auf keine andere Weise erreicht werden kann. Mit «Erfüllung» meinen wir hier im einzelnen: kräftige, geschmeidige Muskeln, gesteigerte allgemeine Genussfähigkeit und vor allem, anstatt des unausweichlichen Verfalls, ein ständiges Erstarken des Geistes; was aber den Geist erstarken lässt, muss auch den Körper erstarken lassen.

Der körperliche Verfall, den wir «Alter» nennen, ist ein Körperzustand, der aus dem Missbrauch oder dem falschen Einsatz der männlichen und weiblichen Geistes- oder Gedankenkräfte resultiert. Diese Kräfte sind ebensogut fähig, den Körper aufzubauen und mit immer neuerem und besserem Material auszurüsten, wie sie fähig sind, ihn zum Zerfall zu bringen.

Die Tatsache, dass gegenwärtig so viele Ehepaare in getrennten Welten leben, bringt die Trennung dieser Kräfte und dadurch Krankheit, Verfall und Tod mit sich. Die Unfähigkeit, an den gegenseitigen Interessen und Betätigungen teilzunehmen, muss mit der Zeit die Liebe erkalten lassen. Lieben heisst nicht Erdulden. Es ist nicht Liebe, wenn die Frau das Gefühl hat, sie müsste ja eigentlich zufrieden sein oder sie wolle sich bemühen, zufrieden zu sein. Wenn sie sich ehrlich die Frage stellte, müsste sie sich gestehen, dass sie unter der mangelnden Aufmerksamkeit ihres Gatten leidet – die ja eigentlich grösser sein müsste als zur Zeit seiner Werbung, denn wahre Liebe wird eher grösser statt kleiner und sucht immer mehr, den geliebten Menschen zu befriedigen.

Liebe ist nicht mehr und nicht weniger als Leben. Mangel an Liebe führt zum Tode.

Die unnatürliche Welt, in der gegenwärtig so viele Frauen leben, trägt am meisten dazu bei, sie herb und abstossend zu machen. Sie sind ihrer Anziehungskraft auf das andere Geschlecht beraubt, und mit der Zeit liegt ihnen nichts mehr daran, anziehend zu sein. Sie vernachlässigen ihre Kleidung und ihr Äusseres. Das Leben verliert seinen hauptsächlichsten Anreiz. Sie neigen dazu, engherzig, kleinlich, tadelsüchtig und verdrossen zu werden.

Denn wie sehr sie sich auch anstrengen – den Frauen, die ausschliesslich mit Frauen zusammenkommen, mangelt es an der Kraftquelle und am Ansporn des männlichen Gedankenelements.

Andererseits beraubt die unnatürliche Welt ausschliesslich männlicher Betätigungen, Interessen und Vergnügungen den Mann des lebenswichtigen weiblichen Gedankenelements; das ist einer der wichtigsten Gründe, warum er ein paar Jahre nach seiner Heirat nachlässig zu werden beginnt; er achtet nicht mehr auf sein Aussehen, wird schwerfällig und denkfaul, will nichts als in seinem alltäglichen Trott weitermachen und ist mit fünfzig Jahren «alt» und verbraucht.

Nichts, was den Mann interessiert und beschäftigt, kann auf die teilnehmende Sympathie seiner Frau verzichten. Eine liebende Gattin kann und wird alles lernen, worauf er sein Interesse richtet.

Ebenso kann nichts, was die Frau interessiert und beschäftigt, der lebhaften, liebevollen Sympathie des Mannes entraten.

Das hat nichts mit Sentimentalität zu tun. Es ist ein Naturgesetz, das allgemeine Geltung hat, vom Mineral bis zum Menschen, denn die gröberen Geschlechtselemente existieren immer auch in den Mineralien.

Ohne vollkommene Ehe kann es kein vollkommenes und kein glückliches Leben geben. Für jeden Mann und jede Frau gibt es ein komplementäres Element, eine Ergänzung, irgendwo im anderen Geschlecht, und in alle Ewigkeit gibt es für jeden Mann und jede Frau nur ein einziges komplementäres Element, nur eine einzige Ergänzung.

Heutzutage lebt so manches Paar, das kraft dem Gesetz der Anziehung und des Unendlich Guten zusammengefunden hat, in den zwei erwähnten getrennten Welten. Sie leben unglücklich zusammen, weil sie eben nicht wissen, dass ein beständiges und beständig wachsendes Eheglück auf der Einhaltung bestimmter Gesetze und einer bestimmten gegenseitigen Einstellung beruht. Um dieses Glück zu erlangen, müssten sie in allem Tun und Denken *eines* Geistes sein. Gelingt ihnen das nicht, dann sind sie «ungleich gepaart» und nicht wahrhaft Mann und Frau. Doch sie können auch nur vorübergehend «ungleich gepaart» sein; wenn einer oder beide sich von gewissen irrtümlichen Denkgewohnheiten befreien, können sie sich noch immer zu einer wahren Ehe zusammenfinden. Viele Ehepaare haben die Erfahrung gemacht, dass sie trotz ständigen Zänkereien, ja sogar, wenn sie sich in Missachtung der Konvention voneinander trennten, doch nicht umhin konnten, sich wieder zu vereinen. Sie können einander etwas geben, was sie sonst nirgends finden. Solche Paare sind wahrhaft verheiratet, aber ein Teil oder beide Teile sind unreif. Auch sie sind jedoch nach dem Gesetz Gottes oder des Unendlich Guten verheiratet, und Paare, die Gott so zusammengegeben hat, kann irgendein Mensch weder wahrhaft verheiraten noch voneinander scheiden.

Viele so verheiratete Paare, die in ihrer Ehe dennoch nicht das erwartete oder während der Brautzeit erlebte Glück finden, könnten einander das Paradies auf Erden bereiten, noch heute, wenn sie etwas ganz Einfaches tun würden, nämlich neu zu beginnen, ihre Brautzeit noch einmal zu beginnen, all die kleinen Aufmerksamkeiten und Liebenswürdigkeiten, die diese Periode kennzeichneten, noch einmal zu beginnen; einander in Aussehen und Gepflegtheit wieder zu gefallen suchen, in Anwesenheit des anderen Selbstbeherrschung und gutes Benehmen zu üben, unfreundliche Antworten und höhnische Bemerkungen zu unterdrücken, kurz: die Schranken und Förmlichkeiten der guten Sitte zu respektieren, die Mann und Frau niemals missachten und niedertrampeln sollten. Denn wenn wir zulassen, dass diese Schranken zerstört werden, zerstören wir den

Respekt für unsere Persönlichkeit, und jedes bisschen Respekt, das verschwindet, wird alsbald durch das gleiche Quantum Missachtung ersetzt. Wenn aber der Ehemann grob ins Zimmer oder in die Gegenwart seiner Frau stürmt, seine ganze üble Laune mitbringt und für den Ort, den er hochhalten sollte, kein Quentchen mehr Respekt an den Tag legt als für seinen Pferdestall, dann kann die Frau sicher sein, dass er sie nicht respektiert.

Natürlich kann auch die Frau den gleichen Fehler begehen und die Schranken niedertrampeln, die für ihre Beziehungen zum männlichen Partner unverzichtbar sind.

Beginnen wir also damit, einer den anderen zu fragen, ob das, was der eine tut, dem anderen angenehm und gefällig ist. Lasst uns Dinge betreiben, die beiden Freude machen, dem Mann und der Frau, und wir werden damit die so wichtige Vermischung der männlichen und weiblichen Wesens- und Gedankenkraft heranführen, die uns an Geist und Körper und bei richtiger Führung auch an Vermögen stärken und bereichern wird.

Es wird für Paare, deren Beziehung durch jahrelange Vernachlässigung zerrüttet, verfallen und entweiht ist, keinesfalls leicht sein, unverzüglich neu aufzubauen. «Brauch schafft Gewohnheit», heisst es, und das böse Wort, die verdriessliche Miene, der Zornausbruch, wird sich anfangs vielleicht trotz bestem Willen nicht immer unterdrücken lassen. Doch man kann von Anfang an genug tun und erreichen, um zu beweisen, dass die Liebe wieder an den ihr gebührenden ersten Platz gestellt wird; ebenso leicht ist es zu beweisen, dass die gegenseitige Liebe und alles Glück, das sie bringt, von Tag zu Tag immer noch vermehrt werden kann.

Wenn dann jedes sein möglichstes getan hat, um die Schwächen und Fehler, die den anderen gereizt und gekränkt haben, abzulegen, dann gilt es, im Geist die Höchste Macht anzurufen. Von ihr müssen wir verlangen und erbitten, was uns heil und ganz macht und unsere Partnerbeziehung auf eine neue Ebene stellt.

AUCH KRANKSEIN IST NIEMALS SINNLOS

Im gegenwärtigen Zeitalter unseres Planeten kann kaum jemand gänzlich den Leiden des Körpers entfliehen, doch es gibt zwei völlig verschiedene Behandlungsmethoden der körperlichen Zustände, die wir Krankheit nennen. Die richtige besteht darin, das ganze Sinnen und Trachten beständig sehr ernsthaft auf den einen Wunsch zu richten: immer mehr im Glauben zu erstarken, dass alle Schmerzen, Übel und Schwächen nur die Bemühungen unseres Geistes sind, sich zu reinigen und aus dem Körper das auszuscheiden, was zur Verwendung durch den Geist zu grob geworden ist.

Hier müssen wir uns der Tatsache erinnern, die nicht oft genug wiederholt werden kann, dass nämlich der Geist etwas gänzlich anderes ist als der Körper: der Geist ist eine ständig wachsende Macht, die alle Zeiten überdauert, der Körper aber nur das zeitweilige Instrument, dessen er sich in dieser einen, gegenwärtigen Phase seiner Existenz bedient.

Wir neigen alle dazu, unbewusst in den alten Glauben, in dem wir erzogen wurden, zurückzuverfallen, dass wir nämlich bloss aus unserem stofflichen Körper bestehen und dass der Körper ohne Geist so etwas wie eine Dampfmaschine ohne Dampf sei.

Die immer mehr um sich greifende Erkenntnis, dass Geist und Körper zwei ganz verschiedene Dinge sind und der Geist die auf den Körper einwirkende, bewegende und aufbauende Kraft darstellt, wird dem Geist dabei helfen, einen günstigen Einfluss auf den Körper auszuüben und ihn neu aufzubauen.

Die andere, die falsche, schädliche Behandlungsmethode der Krankheit besteht darin, fest und unerschütterlich zu glauben, dass unsere Person nichts weiter als der Körper sei, den wir benützen; dass einzig der Körper krank sei und nur mit materiellen Heilmitteln kuriert werden könne; dass sein allfälliger Zustand der Krankheit und Schwäche ein hundertprozentiges Übel sei – und nicht das Mittel, wodurch er sich von der Belastung der mehr oder weniger toten Materie befreit, die jedenfalls zu leblos und träge geworden ist, als dass der Geist sich ihrer noch bedienen könnte.

Diese Anschauung offenbart völlige geistige Ignoranz, und die Ignoranz des Geistes erzeugt immer mehr Krankheit, Verfall und körperliches Absterben, bis schliesslich unsere einzige reale Kraft, nämlich unser Geist, den halbtoten Körper nicht mehr länger mitzuschleppen vermag und sich von dieser Belastung befreit. Das nennen wir den Tod, doch in Wirklichkeit wirft der Geist in diesem Moment nur eine Bürde ab, die ihm zu schwer geworden ist.

156

Es gibt auf der Welt sehr viele Menschen, die bereits halb gestorben sind; mit anderen Worten, ihr Geist trägt den Körper nur noch zur Hälfte. Die gebeugten Schultern, der schleppende Gang, die schlaffe Haltung, die nachlassenden Sinne eines Sechzigjährigen weisen nur darauf hin, dass der Geist, der diesen Körper benützt, nichts von seiner Macht ahnt, den Körper zu regenerieren und wiederherzustellen. Diese ganze Macht wird jetzt infolge seiner falschen Einstellung dazu benützt, den Körper zu zerstören. Besässe der Geist den richtigen Glauben, dann würde der Körper, von aller Grobheit gereinigt, feiner, aktiver und kräftiger denn je aus der gegenwärtigen Prüfung hervorgehen. Im physischen Sinne wäre er dann jünger geworden, nicht älter!

Sogar wenn man nicht mehr zu tun vermag, als diesen Gedanken respektvoll zur Kenntnis zu nehmen, bedeutet das für die Besserung des körperlichen Übels schon einen gewaltigen Unterschied; wenn wir unsere geistige Einstellung auch nur in diesem geringen Mass ändern, haben wir unserem höheren Ich schon ein Türchen geöffnet, durch das es günstig auf den Körper einwirken kann. Dann wird der richtige Glaube dem Geist helfen, grössere Gewalt über den Körper zu gewinnen. Die völlige Beherrschung des Körpers durch den Geist muss den Körper letztlich von jedem Schmerz und Übel befreien. Die körperlichen Prüfungen, die wir jetzt durchzustehen haben, werden zur Reinigung und Verfeinerung nicht immer notwendig sein. Die ersten Prüfungen sind die schwersten. In dem Mass, als der Geist fester und fester an die Wahrheit glauben lernt und eben dadurch immer neue Beweise für sie erhält, wird der Körper auf Grund von Veränderungen, die mit der wachsenden Macht des Geistes zusammenhängen, weniger Schmerzen und Unannehmlichkeiten zu erleiden haben.

Jede neue, wahre Idee, die wir in uns aufnehmen, wird eine Veränderung des Körpers bewirken. Unsere Muskeln und Knochen, unser ganzer Körper, dessen wir uns gegenwärtig bedienen, ist der materielle Ausdruck und die körperliche Entsprechung unserer vorherrschenden Geisteshaltung oder Denkungsart. Sobald das Denken sich ändert, muss auch das Wesen, die Beschaffenheit des sichtbaren Materials, aus dem der Körper besteht, sich ändern. Wenn die unsichtbare Macht des Körpers sich ändert, muss auch die sichtbare einer Veränderung unterliegen.

In beschränktem Mass finden solche Veränderungen dauernd im alltäglichen Dasein statt. Wenn wir einem verzweifelten, mutlosen Menschen neue Hoffnung einflössen, den Glauben an eine Besserung, zeigt sich fast unmittelbar eine körperliche Veränderung. Die Augen leuchten heller, die Muskeln spannen sich, jede Bewegung wird elastischer. Ein neues Gedankenelement wirkt nicht nur äusserlich auf den Körper, es dringt tatsächlich in den Körper ein und wird von ihm assimiliert.

Wenn dem Menschen hingegen plötzlich etwas Grauenhaftes in den Sinn kommt, kann dieses Gedankenelement so mächtig auf den Körper einwirken, dass es tatsächlich in seine Zusammensetzung eingeht: das Gesicht erbleicht, die Knie zittern, Kraft wandelt sich in Schwäche, die Verdauung ist beeinträchtigt, manchmal tritt Bewusstlosigkeit ein; man kennt Fälle, in denen das Haar binnen weniger Stunden ergraute, und es kann sogar zu einem jähen Tode kommen.

Der alles aufschreckende Schrei: «Feuer!» in einem vollgedrängten Theater, ein Alarmruf, der eine Menschenmasse in Panik versetzt, löst ein Element, eine Kraft aus, die zunächst auf den Geist und hernach auf den Körper des Menschen einwirkt; obzwar wir sie nicht sehen, ist sie im materiellen Sinn ebenso real wie etwa ein giftiges Gas, das zwar für unser Auge unsichtbar bleibt, seine Existenz jedoch eindeutig durch seine tödlichen Folgen beweist.

Aller Schmerz rührt von der Anstrengung des Geistes her, neues Leben in einen leblos gewordenen Teil des Körpers zu zwingen oder einen solcherart abgestorbenen Teil abzustossen und durch neues Material zu ersetzen.

Wenn der Geist von seiner Anstrengung ablässt, bringt das eine Erleichterung. Der Schmerz lässt nach, und an seine Stelle tritt Unempfindlichkeit, die Vorläuferin des körperlichen Todes.

Wenn wir die Krankheit in diesem heilenden Licht, wie wir es hier nennen wollen, betrachten, erhält das Leben ein völlig neues Aussehen. Dann wird das körperliche Dasein zu einer Folge von Wiedergeburten oder Wandlungen von gröberem zu feinerem Stoff; dabei ist jede neue Geburt oder Verwandlung weniger schmerzhaft als die vorangegangene, bis die Wandlung zum Schluss höchstens noch von einer Periode der Mattigkeit und körperlichen Untätigkeit begleitet wird. Mit anderen Worten: der Geist formt den Körper nach seinem eigenen Abbild, damit er ein vollkommenes Werkzeug zur Ausführung seiner Wünsche werde. Dann sind Körper und Geist vermählt. Sie sind eins geworden.

Wenn der Geist die alten Irrtümer aus Unwissenheit anstandslos hinnimmt, dann ist er bereits krank, wenn auch der von ihm benützte Körper kräftig erscheint. Sobald der Geist krank ist, muss mit der Zeit auch der Körper erkranken. Falls der Geist hingegen erwacht und sich weigert, die alten Irrtümer länger hinzunehmen, und falls er wünscht, alle Irrtümer, auch die, die ihm jetzt noch nicht bewusst sind, zu erkennen und abzuschütteln, dann ist dieser Geist noch verhältnismässig gesund und auf dem Weg zu immer höherer Gesundheit. Gewiss, sein Körper kann noch zeitweise von den Veränderungen niedergeworfen werden, die eine Wandlung von niedrigeren zu höheren geistigen Zuständen mit sich bringt, doch solche Perioden körperlichen Leidens erscheinen als Mittel und Wege zur höheren Gesundheit; der richtig eingestellte Geist drängt den Körper in diese Richtung, während der unwissende Geist, der keine Spur einer Ahnung hat, dass er die den Körper beherrschende Macht ist, blindlings den Irrtum übernimmt, den der Körper ihm sozusagen beibringt, weshalb er dann alle seine Macht darauf verwendet, den Irrtum noch zu verstärken und darauf weiterzubauen.

Der Körper, der von einem solchen Geist benützt und regiert wird, wird an Krankheiten in ihrer schlimmsten Form leiden, bis er schliesslich zerstört wird. Der Körper hingegen, der von einem richtig eingestellten Geist benützt und regiert wird, wird vielleicht Krankheit und Schmerz erleiden, dann aber, sobald der Glaube des Geistes genügend erstarkt ist, gereinigt, verfeinert und gestärkt aus seiner Prüfung hervorgehen; dann wird er auch mehr Macht denn je besitzen, dem Übel zu widerstehen, und nicht Gefahr laufen, niedrige, schädigende Gedanken aus niedrigeren Geistern zu absorbieren, was für empfindliche Menschen eine überreichliche Quelle der Krankheit bildet.

Es gibt vielleicht nichts Neues unter der Sonne, doch es gibt un-
zählige, heute noch unbekannte Dinge, von denen wir nichts wis-
sen. Wir haben kaum den Rand unseres wahren Daseins er-
reicht und wissen kaum, was das Leben wirklich bedeutet.

Auch können wir nicht viel Neues auf einmal aufnehmen, ohne in Gefahr zu geraten. Wahrheit kann nur in
kleinen Dosen absorbiert werden, denn eine jähe Flut
von Licht, eine plötzliche Offenbarung der Lebens-
möglichkeiten, würde eine so jähe körperliche Veränderung und einen so grossen Aufruhr zwischen Körper
und Geist zur Folge haben, dass dabei der Körper zerstört werden könnte. Die Beseitigung des Alten und
sein Ersatz durch Neues sollte nur allmählich erfolgen.
Es ist ähnlich wie bei der Verdauung: zuviel Essen auf
einmal verursacht einen Aufruhr im Magen und
Schmerzen. Zu viele neue Ideen auf einmal, das hiesse
jungen Wein in alte Flaschen füllen. Die alte Flasche
stellt den alten Körper dar, der junge Wein die neuen
Gedanken. Jede Idee ist in Tat und Wahrheit eine Kraft;
und wenn dem alten Körper mehr Kraft zugeführt
wird, als er sich aneignen kann, könnte leicht die Flasche zerspringen.

Das neue Material, das dem Körper durch die Veränderung zugeführt wird, das sind die neuen, wahren Gedanken oder Ideen. Diese materialisieren sich zu Blut,
Knochen, Muskeln und Nerven, zu einer jedermann

sichtbaren Substanz von neuer, feinerer, stärkerer Beschaffenheit.

Ein Kind, das in dem Glauben aufgezogen wird, sein einziges wahres Ich wäre der Körper, den es benützt; ein Kind, das nichts von der Macht ahnt, die hinter diesem Körper steht und die, richtig erkannt und gelenkt, den Körper ständig mit neuen Elementen wiederherstellen und seine materielle Substanz immer wieder erneuern und dabei jedesmal verfeinern und stärken kann; ein solches Kind – und ihrer sind viele – trägt nicht nur den «Samen der Krankheit», wenn wir es so nennen dürfen, in sich; durch seine völlige Unwissenheit, die sich mit der Unwissenheit anderer Geister in seiner Umgebung vereint, wird fast die ganze Macht seines Geistes in die falsche Richtung gelenkt, so dass sie die Krankheit nährt und kräftigt und schliesslich den Körper für den Geist untragbar macht.

Es gibt eine gewisse Art des Denkens, an der wir mehr oder weniger alle kranken. Manchmal wird es «unbewusstes Denken» genannt. Das ist der Irrglaube an das Falsche, den wir als kleine Kinder von den anderen übernommen, den wir nie bezweifelt und nie in Frage gestellt haben und an dem wir blindlings festhalten, ohne uns Rechenschaft abzulegen. Doch ein solcher Glaube ist, im Guten wie im Schlechten, genauso wirksam wie alles, was wir bewusst glauben.

An einen solchen unbewussten Irrglauben klammern sich heutzutage unzählige kerngesunde, sportliche junge Männer im Vollbesitz ihrer Nerven- und Muskelkraft, die felsenfest überzeugt sind, dass diese Kraft im Alter von fünfzig Jahren allmählich dahinschwinden *muss* und dass zwischen sechzig und siebzig eines der vielen Übel, die «das Erbe allen Fleisches» sind, sie befallen und schliesslich dahinraffen *muss*. Wollten wir ihnen ernsthaft erklären, dass eine Zeit kommen wird, da die höhere Erkenntnis den Menschen instandsetzen wird, seinen Körper, solange er will, in ständig gesünderer Verfassung zu bewahren, würden wir nur ihren Spott erregen – oder die starrköpfige Ungläubigkeit, die sich weigert, eine neue Idee auch nur sekundenlang als Möglichkeit zu betrachten.

Nichts ist gefährlicher als dieser unbewegliche Geisteszustand, der unverzüglich jede neue Idee als wild, unvernünftig und unrealistisch von sich weist, ohne irgendwelche Bereitschaft zu zeigen, sie auch nur einen Augenblick lang wohlwollend zu prüfen. Es ist der gleiche Geisteszustand, der in vergangenen Zeiten Dampf und Elektrizität verächtlich als «neumodischen Blödsinn» abtat, der sich seine eigenen Denkgeleise austritt und darin jetzt immerdar im gleichen Kreis herumfährt, ohne einem neuen Leben, neuen Möglichkeiten einen Schritt näherzukommen. Es ist dies ein Zustand, der ganz bestimmt zur Versteinerung von Geist und Körper führt.

Heute sind zahllose Menschen, ohne es selbst zu wissen, in die Idee eingekerkert, dass alles menschliche oder körperliche Leben auch in Zukunft genau wie bisher verlaufen und also in die drei Perioden Jugend, Reife und Verfall zerfallen müsse. Es ist just diese Überzeugung, die diese Perioden für den, der an sie glaubt, unentrinnbar macht und jeder neuen Möglichkeit die Tür verschliesst.

Kein Übel ist das Erbe allen Fleisches, ausser den Übeln, die der Geist dem Körper aus Unwissenheit vererbt. Der Geist, der einmal die Wahrheit erkannt hat, kann dem Körper mehr und mehr Leben vermitteln, vielleicht sogar das, was man «ewiges Leben» nennt.

Welches aber sind die Irrtümer, an denen unzählige Menschen unbewusst festhalten? Ein Mensch, von dem wir wissen, dass er ein Demagoge oder ein Scharlatan ist, wird von Tausenden als grosser Mann angesehen. Ein Erziehungssystem, dessen Verlogenheit und gedankenlose Nachahmung überlieferter Gewohnheiten wir längst durchschaut haben, gilt als vortrefflich. Kriege zwischen den Völkern, die nichts als blindwütiger Irrsinn sind, werden als «politische Notwendigkeit» akzeptiert, weil der Klang dieser beiden Worte den Massen von klein auf in die Ohren gellt und nicht mehr auszurotten ist. Sitten und Gebräuche, die wir nicht nur als sinnlos, sondern als schädlich und verderblich erkannt haben, werden, von keinerlei Zweifel und Fragen angekränkelt, von einer Generation an die andere weitergegeben.

Die Grausamkeit, die unser Geschlecht aus purem Mutwillen den Vögeln und Tieren in Wald und Flur antut, die Tatsache, dass wir sie zu unserem Amüsement töten und verstümmeln, dass wir jede Art von Zwei- und Vierbeinern gefangen halten und die freien Bewohner von Feld, Wald und Luft zu einem qualvollen, unnatürlichen Dasein verdammen, bloss damit wir sie hinter ihrem Gitter anglotzen können – all das ist nur ein weiterer Beweis dafür, dass wir unser Unrecht gar nicht mehr als solches erkennen, sondern es sogar für durchaus richtig und natürlich halten.

Die Geringschätzung, mit der viele Männer die Frauen behandeln und welche die Frauen selbst, ohne zu fragen und zu klagen, als selbstverständlich hinnehmen; die Tatsache, dass sie von so vielen Männern entweder als Spielzeug oder als Nutztier angesehen werden; die Tatsache, dass die meisten Männer nicht ahnen und empört leugnen, dass die Frauen ihnen an geschäftlichen und allen anderen Fähigkeiten durchaus gleichwertig sind; die Tatsache, dass von beiden Teilen nicht geahnt und konsequent geleugnet wird, dass nämlich die Frau sogar ein unentbehrlicher Faktor für den Erfolg des Mannes ist

– all diese noch unerkannten Irrtümer und Fehlmeinungen richten im Geist von Millionen über Millionen Menschen gefährliches Unheil an.

Die noch immer vorherrschende Unkenntnis der Tatsache, dass der Gedanke ein Element und eine Kraft ist, die meilenweit über den Körper hinauswirkt; dass jeder unserer Gedanken und Einfälle ein unsichtbarer Magnet ist, der stoffliche Dinge nach seinem Bilde anzieht und in unseren Bereich bringt; die allgemein verbreitete Idee, dass es nicht darauf ankäme, was wir denken, wenn nur niemand es wisse; die völlig irrige Überzeugung, dass das, was wir von uns und anderen denken, keinerlei Wirkung auf unsere Gesundheit und unser Vermögen, unser Glück oder Unglück hätte; der Abgrund von körperlichem und seelischem Elend, in den so viele sich ahnungslos stürzen, weil sie sich mit niedrigeren Geistern vereinen und sich in niedrigere Gefilde hinabziehen lassen, die Unkenntnis der Tatsache, dass jedes Individuum in der Vergangenheit bereits andere Leben gelebt hat und in Zukunft weitere leben wird, mit oder ohne Körper – all das ist nur ein Teil der unbewussten Irrtümer, in denen wir noch alle befangen und verstrickt sind. Doch da der menschliche Geist ständig nach mehr Wahrheit und Licht verlangt, bewirkt jede körperliche Prüfung eine immer tiefere Erkenntnis dieser und zahlloser anderer Irrtümer, die uns unweigerlich in Leid und Elend stürzen, solange wir ihnen anhangen.

«Die Wahrheit wird euch freimachen», steht in der Bibel zu lesen. So ist es. Die Wahrheit wird uns von jeder Form körperlichen und seelischen Leidens befreien. Und wenn der Gott in uns das alte, niedrigere Ich vollkommen auslöscht, dann werden alle unsere Tränen getrocknet werden.

DIE SONNE ALS QUELLE DER KRAFT

Die mächtigste Quelle von Kraft und Erholung ist Ruhe für Geist und Körper. Wenn der Geist ruht, ruht sich auch der Körper aus.

Es gibt eine Wissenschaft der Ruhe. Ein Teil dieser Wissenschaft besteht darin, die Sorgen abzuwerfen und die Gedanken von den Dingen abzuwenden, die unsere Zeit allzusehr in Anspruch nehmen; nur so können wir uns erholen und die lange benützten und vielleicht überanstrengten Abteilungen unseres Geistes wieder zu Kräften kommen lassen.

Alle von den physischen Sinnen wahrgenommenen Dinge haben ihre geistige Entsprechung. Diese geistigen Elemente bilden ihre eigentliche Kraft.

Auch die Sonne hat ihren Geist, der uns und unsere Erde beeinflusst. Es gibt eine Sonne, die vom körperlichen Auge nicht erblickt und von den körperlichen Sinnen nicht wahrgenommen wird; sie steht zu der Sonne, die wir sehen, im gleichen Verhältnis wie unser Geist zu unserem Körper.

Die physische Sonne wirkt sich auf unseren physischen Körper aus. Die geistige Sonne aber, oder der Geist der Sonne, beeinflusst unser geistiges Wesen in dem Mass, als es seiner Entwicklung nach fähig ist, diese besondere

Kraft aufzunehmen. Falls wir diese Wahrheit aufzunehmen vermögen, werden wir aus der Quelle, von der ich spreche, mehr Kraft schöpfen als die Menschen, die glauben, die Sonne bestünde nur aus physisch wahrnehmbaren Elementen wie jedes andere Ding in der materiellen Welt.

Menschen, die nur an das Materielle zu glauben vermögen, müssen körperlich verfallen, denn eben durch diesen Glauben ziehen sie nur stoffliche Elemente an sich. Es gibt mehr solche «Materialisten», als es Menschen gibt, die sich Atheisten oder «Ungläubige» nennen.

Diese «Materialisten» gehören häufig einer Kirche an, bekennen sich zu einer Religion und leben in strenger Befolgung der religiösen Vorschriften, glauben aber in Wirklichkeit bloss an das Materielle.

Sie können nichts dafür, ihre materielle Natur hat die Oberhand. Ihr Körper wird verfallen und sterben, und ihr Geist wird sich mit der Zeit eines anderen Körpers bedienen. Von ihrem früheren Erdenleben werden sie absolut nichts wissen, doch immerhin werden sie im Lauf ihres nächsten physischen Lebens der Vergeistigung doch wieder ein Stück näherkommen, wie es tatsächlich in all ihren bisherigen physischen Leben auch der Fall war. Wenn sie dann im Lauf einer Reihe von sukzessiven Wiedergeburten so weit gekommen sind, dass sie das Gesetz ihres eigenen geistigen Wesens erfasst haben, werden sie von allen Übeln befreit sein, die jetzt dem körperlichen Wesen anhangen. Dann kann ihnen weder Feuer noch Wasser, weder Krankheit noch Gewalt etwas anhaben, und sie werden den Tod nicht erfahren. Die Wahrheit wird sie freimachen. Einige solche Lebensläufe sind in der Bibel verzeichnet, und es besteht Anlass zu glauben, dass es deren mehr gab. Dies ist das äusserste Ziel allen menschlichen Lebens. Unser Planet vergeistigt sich.

Die Sonne und das Element, das sie zur Erde entsendet, sind nicht nur voller Leben, sondern auch voller Intelligenzen. Es ist ein geistiges Leben, eine geistige Macht. Die Sonne ist mehr als ein Himmelskörper oder Planet. Sie ist ein mächtiger Verstand, ein Geist. Was wir von diesem Geist erblicken, ist seine physische Hülle oder das Instrument, durch das er sich den physischen Sinnen offenbart, genau wie das, was wir von uns selbst, von dem physischen Körper sehen, nur die Hülle oder das Instrument unseres Geistes ist.

Wenn wir unseren Geist auf die ruhige Forderung richten, mehr Kraft von diesem Geist zu erhalten, der unsere ganze Erde zum Leben erwärmt und erweckt, dann werden wir unseren Anteil an der geistigen Kraft oder Macht der Sonne empfangen.

In alten Zeiten sonderte eine höhere Weisheit in Kenntnis dieses Gesetzes aus den sieben Tagen der Woche einen Tag aus, an dem Geist und Körper mehr Ruhe geniessen sollten, um zusätzliche Kraft aus der Sonne zu schöpfen. Daher der Name Sonntag.

Spuren dieses Gesetzes und Glaubens sind mit den Sonnenanbetern des Ostens bis auf unsere heutige Zeit gekommen. Man verstehe mich richtig! – ich teile ihren Glauben keineswegs in seinen Einzelheiten und Eigentümlichkeiten, doch ich sehe da hinein, wie in viele verschiedene andere Formen der Anbetung, den goldenen Faden einer allgemein gültigen Wahrheit verwoben. Wer das Leben und die Gebräuche der Sonnenanbeter oder Parsen studiert, ihren Abscheu vor den Zerstörungen animalischen Lebens, ihren Widerwillen gegen Krieg, ihre Aufrichtigkeit, Sanftmut und Güte, muss zugeben, dass vieles in ihrer Lebensanschauung Nachahmung verdient.

Die Sonne stellt jedoch nur eine der Quellen dar, aus denen wir Kraft schöpfen, nur *eine* Ausdrucksform der Höchsten Macht. Es gibt viele, ungeheuer viele andere Formen und Methoden. Mit der Entfaltung unseres Geistes werden wir immer mehr davon entdecken. Wir haben Zeit genug. Die ganze Ewigkeit liegt vor uns.

Es besteht ein grosser Unterschied zwischen wahrer Anbetung und Abgötterei. Anbetung erhebt den Menschen, Abgötterei erniedrigt ihn. Wahre Anbetung bewundert und verehrt die Schönheit einer Blume, die

Gewalt des Ozeans, die Macht der Sonne, und schöpft Kraft aus allem, was sie so bewundert und verehrt. Diese Bewunderung und Verehrung bilden eben die Anbetung. So beten wir Gott im Geist an, und kraft dieser Anbetung ziehen wir die geistige Kraft oder Beschaffenheit des körperlichen Ausdrucks von Gottes Geist an uns.

In diesem Geist beten wir auch die Sonne an. Unsere Anbetung hat einen verstandesmässigen Zweck. Indem wir an einem von sieben Tagen unsere gewöhnliche Beschäftigung ruhen lassen und uns an diesem Tag dem stillen, erwärmenden, fröhlichen Einfluss des Sonnenelements hingeben, und zwar nicht nur, wie es aus dem Himmelskörper selbst strahlt, sondern wie es sich in Blatt und Blume, im Baum, im grünen Gras, in allen Dingen verkörpert, die Leben aus der Sonne schöpfen und somit zum Ausdruck, zum Eigentum, zu einem Teil der Sonne werden, ziehen wir mehr Kraft an uns, ruhen Geist und Körper aus und setzen uns instande, in der kommenden Woche grössere Anstrengungen und bessere Arbeit zu leisten.

Wenn jetzt aber jemand auf diese Zeilen hin hingeht und ostentativ die Sonne anbetet, ist das nichts als Hohn und Spott. Wahre Anbetung trachtet nach Zurückgezogenheit und Alleinsein. Sie mag ihr innerstes Gefühl nicht der Menge offenbaren. Sie vertraut sich nur den wenigen an, die nicht schwatzen, sondern mit ihr empfinden.

Wahre Anbetung spürt die Empfindung, den Einfluss, das Denken, das, was aus jeder Blume, jedem Baum, aus Sonne und Stern quillt. So betet der echte Dichter und der echte Maler an. Unzählige «Stille im Lande» empfinden so stark und noch stärker als der Dichter oder Maler, doch sie besitzen kein Mittel, um ihren hohen, reinen Gedanken materiellen Ausdruck zu verleihen.

Soweit wir unsere Geschichte kennen, lebten und starben bisher sämtliche Menschen ohne jede Ahnung, dass sie eben in dieser Empfindung, in dieser wahren Naturliebe, dieser Verschmelzung unseres Geistes mit Geist, der sich in anderen Formen ausdrückt, einen Anteil an diesem Geist und dieser Macht schöpften. Sie empfingen damit ein Element, das nicht nur Gesundheit und physische Widerstandskraft, sondern auch Kraft zu geschäftlicher und künstlerischer Tätigkeit vermittelt.

In vielen Fällen vermochten sie Gesundheit und physische Widerstandskraft gar nicht zu verwirklichen, weil sie nicht wussten, wie sie das Element, das sie empfingen, bewahren oder möglichst günstig verwerten könnten.

Zu ihnen gehören feinfühlige Naturen und alle wirklichen Genies sowie die Menschen, die durch die Schönheit von Himmel und Meer, von Gewitter und landschaftlicher Mannigfaltigkeit am tiefsten erschüttert werden. Die Natur spricht zu verschiedenen Gemütern in verschiedenen Zungen. Den Groben, Rohen hat sie verhältnismässig wenig zu sagen. Den Zarten, Feinen vermag sie in einer Minute mehr zu sagen, als sie in ihrem ganzen Leben auszudrücken imstande sind, denn vielen Menschen ist es unmöglich, einen Gedanken in Worte, Musik oder Farbe zu übersetzen.

Alle diese Gefühle oder Gedanken sind Kräfte und Kraftquellen. Warum sind dann aber geniale oder besonders feinfühlige Menschen so oft geschäftlich erfolglos und körperlich schwach?

Weil sie die Kraft, die sie schöpfen, nicht zu bewahren verstehen. Weil die Gesetze, die ihre Natur regieren, nicht die gleichen sind wie jene, die gänzlich materielle Naturen beeinflussen. Weil sie mehr dem geistigen als dem materiellen Element angehören, aber nichts davon ahnen und darum ganz im Materiellen und durch das Materielle zu leben versuchen. Sie sind wie Dampfschiffe (gesetzt, Dampfschiffe wären intelligente Wesen), die nichts von der Kraft wissen, über die sie verfügen, und statt mit ihrer Dampfmaschine mit Segeln vorwärtszukommen trachten!

Von den sieben Wochentagen ist der Sonntag eigens zum Einsammeln und Einbringen geistiger Kraft bestimmt, mit anderen Worten: zum Rasten und Ausruhen. Ein ruhevoller Geist ist mit der ganzen Welt in Frieden, und ein friedlicher Geist ist ein machtvoller Geist. Ein solcher Geist vermag grössere und immer grössere Leistungen zu vollbringen, weil er durch die Pflege und das Anwachsen seines ruhevollen Friedens in immer höherem Grad eins mit dem göttlichen Geist oder der Höchsten Macht wird.

Um uns einen möglichst grossen Zustrom des geistigen Elements zu sichern, sollten wir uns am Sonntag der üblichen Tätigkeiten der Woche enthalten und uns, soweit wir dazu nur fähig sind, der vollkommensten Ruhe hingeben.

Wir sagen: «Soweit wir dazu nur fähig sind», denn Ausruhen ist eine Kunst für sich. Die Fähigkeit, alle Sorgen, alle Angst, alle geistige Arbeit oder geschäftlichen Pläne einfach beiseite liegen zu lassen, ist eine sehr begehrenswerte Eigenschaft; es ist auch eine Eigenschaft, die wir selbst in uns pflegen und ständig vermehren können.

Die Pflege dieser Eigenschaft bringt den Frieden, der, wie die Bibel es ausdrückt, «über alles Verstehen hinausgeht».

Dieser Friede ist kein Mythos. Er ist kein religiöses Gefühl, über das wir hinweglesen, weil es zwar schön und heilig, aber im täglichen Leben impraktikabel ist. Nein, der Friede, von dem wir hier reden, ist etwas sehr Reales. Er kann von allen erlangt werden, die ihn ernsthaft erbitten oder verlangen. Es ist ein Geisteszustand, in dem wir lernen, in jeder Sache der Höchsten Macht zu vertrauen, wodurch wir immer grösseres Vertrauen gewinnen; ein Zustand, der uns fähig macht, uns einfach der Höchsten Macht zu überlassen, wenn alle unsere eigenen Kräfte und Mittel erschöpft sind.

Dieser Friede kann unser Gemüt auch durchdringen, wenn die Kasse leer und der Zinstag nahe ist, ohne dass wir von irgendwoher Geld erwarten dürften – kurz gesagt, wenn wir von der Hand in den Mund leben.

Dieser Friede wird die Düsternis erhellen, weil er unseren Blick auf die lichte Seite der Dinge lenkt. Er wird uns vor Depression und Mutlosigkeit bewahren, uns im Gegenteil Gesundheit, Stärke, geistige und körperliche Spannkraft bringen. Mit der Zeit verleiht er uns absolutes Vertrauen, völlige Gewissheit, dass wir auf immer von Krankheit und Armut befreit sein und immerwährende Gesundheit und Wohlhabenheit erlangen werden, wenn wir nur die richtige Geisteshaltung bewahren.

So, wie das Kind die Sorge um seinen Unterhalt ganz selbstverständlich seinen Eltern überlässt, können und sollen auch wir zuversichtlich auf die Höchste Macht vertrauen, der wir als ein Teil davon verbunden sind. So, wie wir immer neue Beweise ihrer Realität erhalten, wird auch unser Glaube an ihr lebendiges Dasein stetig wachsen, und «es wird uns nach unserem Glauben gegeben werden».

Das will aber nicht sagen, dass Glaube und Vertrauen mitsamt allen guten Folgen auch schon Wirklichkeit sind, sobald wir nur den ersten Schritt in diese Richtung tun. Es braucht Zeit für das Wachsen dieses Glaubens. Es braucht Zeit, um die geistigen Irrtümer auszurotten, die unser lebenslanger Mangel an Glauben und Zutrauen gezeitigt hat. Es braucht Zeit, einen neuen Geist und eine neue Denkart in uns heranzubilden. Es braucht Zeit, einen Geist zu schaffen, der das Gute und nicht das Üble an uns heranzieht. Es braucht Zeit, einen festen Glauben an die wirksame Macht unseres Geistes aufzubauen. Es braucht Zeit, die gefährliche Auffassung abzutun, dass einzig unsere körperlichen Kräfte und Sinne imstande wären, greifbare Ergebnisse hervorzubringen. Es braucht Zeit, unseren Geist davor zu bewahren, aus purer Gewohnheit in die alten irrigen Zustände zurückzuverfallen, so dass er wieder Schlechtes statt Gutes heranzieht.

Geistiges Wachstum bedeutet wörtlich: die Schaffung eines neuen Geistes, der nicht nur an andere Dinge glaubt, sondern der sich auch ganz anders und viel günstiger auf unsere Gesundheit und unser Vermögen auswirken wird als der alte Geist und das alte Ich, die jetzt allmählich ausgerottet und vernichtet werden müssen.

Viele Menschen sind infolge langer geistiger Gewohnheit beinahe unfähig, auszuruhen und neue Kraft zu schöpfen. Sie können ihren Geist nicht vom Arbeiten abhalten. Ihre Gedanken werden am Sonntag wie an jedem anderen Tag zu ihrem Geschäft, ihren Plänen, ihren häuslichen Sorgen, in ihre Werkstatt, in ihr Büro schweifen, sei es in der Kirche oder zu Hause. Sie sind nicht imstande, den Strom ihrer Gedanken in eine andere Richtung zu lenken. Ihr Geist gleicht einer Dampfmaschine ohne Regler. Er arbeitet immer weiter, bis all seine Kraft erschöpft ist. Sobald sie sich etwas erholt haben, nimmt die Geistesmaschine die Arbeit wieder auf, bis schliesslich der Körper, das physische Instrument, das nicht die Möglichkeit hat, sich selbst wieder instandzusetzen, in Scherben geht – wie wir es ringsum immer wieder sehen.

Der Geist, der ausruhen darf, zieht die geistige Nahrung und Stärkung an, die dem Körper Erholung bringt, und dies in immer höherem Mass, je mehr unsere Fähigkeit zu ruhen wächst.

Den Menschen, die diese Irrtümer zu erkennen beginnen, wird der Sonntag als Tag des leidenschaftlichen stillen Wunsches, sich von den Irrtümern zu befreien und wenigstens an diesem einen Tag mit dem Unendlichen Geist Gottes in engere Verbindung zu treten, den höchsten Nutzen bringen.

179

Es bringt tatsächlich auch mehr Profit, wenn wir sonntags unseren Geist aus dem alltäglichen Geleise der geschäftlichen, künstlerischen oder häuslichen Sorgen und Pläne weglenken, denn dadurch erlangen wir auch mehr Kraft und Schwung für die geschäftlichen Anstrengungen der kommenden Woche.

Mit dem «leidenschaftlichen stillen Wunsch» meine ich nicht ein lästiges, ermüdendes Begehren. Ich meine nicht, dass man sich den ganzen Tag zwingen soll, an ein solches Begehren zu denken. Bei einer erzwungenen Bemühung kommt nie etwas Gutes heraus. Es genügt, dass wir den Sonntag mit dem einfachen Verlangen oder Gedanken beginnen, angeleitet und belehrt zu werden, wie man ihn zu einem Tag der Erholung und geistigen Erquickung macht. Wenn wir den Tag mit diesem Gedanken antreten, wird der Gedanke, der ja eine Kraft ist, alles übrige selbst besorgen. Wir werden vielleicht nicht gleich am ersten oder am zweiten und vielleicht nicht einmal am vierzigsten Sonntag merken, was er alles vollbringt, aber wie die Monate sich zu Jahren fügen und die Jahre vergehen, wird es sehr deutlich zu erkennen sein, dass wir diese begehrenswerteste Fähigkeit allmählich erlangt haben, und nicht nur am Sonntag, sondern an allen anderen Tagen auch, und dass wir sie nicht nur zu bewahren, sondern auch zu vermehren vermögen.

Das Gebot: «Du sollst den Sonntag heiligen!» bedeutet, dass ein Tag von sieben ganz dem Einströmen geistiger Elemente in unseren Geist geweiht werden soll.

Der Heilige der Bibel ist der Mensch, dessen Körper gänzlich vom Geist geleitet wird.

Vollkommen ist der Geist, der jedem Irrtum entwachsen ist. Er ist so kraftvoll und gesund, dass er jede Art von üblen Gedanken erkennt oder empfindet und sie zu vermeiden versteht.

Wenn unser Geist infolge langer Gewohnheit auch sonntags beharrlich bei unserer alltäglichen Tätigkeit verweilt, wenn er sich mit dem Laden, dem Büro, der Werkstatt beschäftigt (was für uns die gleiche Arbeit bedeutet, wie wenn auch der Körper dort wäre) und wir uns des Schadens, den wir uns dadurch zufügen, selbst bewusst sind, dann müssen wir vom Unendlichen Geist und der Quelle aller Macht die Fähigkeit verlangen, uns der Sonntagsruhe hinzugeben.

Gehen wir ins Freie und schwelgen wir in der Sonne. Spazieren wir geruhsam durch Wald und Feld. Der Sonntag darf unter gar keinem Vorwand ein Tag des Hetzens und Treibens sein. Wenn wir in der Stadt leben, dürfen wir nicht in grossen Horden zu den Picknickplätzen und ländlichen Wirtshäusern hinausströmen, weil ein solcher Ausflug uns alles in allem mehr ermüden würde als ein ruhiger Tag zu Hause. Gehen wir in die Kirche – aber nur, wenn der Gottesdienst uns entspannt und wir uns dadurch dem Unendlichen nähergebracht fühlen. Unterhalten wir uns auf jede beliebige Weise, solange es keine grosse Anstrengung fordert und als erholsam empfunden wird.

Nicht alle körperlichen oder geistigen Anstrengungen sind «Arbeit» im üblichen Sinne des Wortes. Oft vermag eine kleine Übung dem Geist die innere Ruhe zu bringen, die er vorher nicht finden konnte. Unsere Kräfte brauchen manchmal eine leichte Aufgabe, auf die sie sich konzentrieren können; das hält sie davon ab, ziellos herumzuschweifen und sich sozusagen in einem ermüdenden «Auf-der-Stelle-Treten» zu vergeuden. So kann es auch erholsam sein, an einem Stock herumzuschnitzen oder eine Handarbeit zu machen, wie Frauen das pflegen. Es gibt also angenehme, leichte Tätigkeiten, die die Ruhe fördern. Mancher schöne Gedanke kann sich entfalten, wenn der stoffliche Teil unseres Wesens auf diese Art beschäftigt und abgelenkt ist. Dann findet das geistige oder höhere Ich Gelegenheit, sich geltend zu machen. Es ist also besser, sonntags unser körperliches Ich mit einer leichten Beschäftigung zu unterhalten, als dass es sich in ruhelosen, ermüdenden Gedanken verliert.

In jedem von uns stecken zwei Wesen: das materielle oder körperliche und das geistige. Das stoffliche Wesen, also der Körper, hat seinen eigenen Sinn und Verstand, der nach den Wahrnehmungen der körperlichen Sinne wirkt und handelt; das geistige Wesen hat einen anderen Sinn, der sich nach seinen eigenen Sinnen oder Kräften richtet.

Sonntags sollten wir unseren körperlichen Teil möglichst beiseite lassen, ausruhen oder unterhalten; dadurch geben wir unserem geistigen Wesen die Möglichkeit, sich besser geltend zu machen.

Am einfachsten und leichtesten erreicht man es, den Geist in die richtige sonntägliche Verfassung zu bringen, indem man schon am Samstagabend auszuruhen beginnt. Wie wir es im Kapitel «Schlafen als zweite Existenz» darzulegen versuchten, versetzen wir während des körperlichen Schlafs unser geistiges Ich in die günstigste Haltung, um das Element der Ruhe, das ihm zur erwünschten sonntäglichen Erholung dienen wird, an sich zu ziehen.

Wenn wir jedoch den Samstagabend in einem geselligen Wirbel verbringen und erst sehr spät zu Bett gehen, ohne an den morgigen Ruhetag zu denken, versetzen wir unseren Geist in einen Zustand fieberhafter Erregung; wir ziehen fiebrige Elemente an und ermöglichen es diesen, die ganze Nacht auf unseren Körper einzuwirken, so dass wir am Morgen unausgeruht erwachen und um vieles weniger die Fähigkeit zur Aufnahme der geistigen Nahrung und Stärkung aufbringen, die ein ruhevoller Sonntag uns verleihen sollte.

Als Mittel, unseren Geist in die richtige Verfassung zu bringen, um aus dem Sonntag das Maximum an Ruhe und Kraft zu schöpfen, schlage ich für Samstag abend und Sonntag morgen folgendes Gebet vor:

«Ich verlange von der Quelle alles Guten die Kraft, meine Gedanken von den Geleisen, in denen sie die ganze Woche gelaufen sind, abzulenken. Ich verlange, immer klarer zu erfassen, welch grosses Gut ich durch diese Ablenkung der Gedanken an einem Tag der Woche an Körper und Geist gewinnen werde. Möge ich immer deutlicher sehen, dass diese besondere Sonntagsruhe mir Widerstandskraft gegen Krankheit verleihen, meinen Körper kräftigen, meinen Geist erleuchten wird; sie wird mir neue Energie für die Tätigkeit der kommenden Woche schenken, die ich aber heute ganz zu vergessen verlange, weil die Verbannung aller geschäftlichen Gedanken an diesem einen Tag freien Weg für die geistige Kraft schafft, die dann die morgigen Geschäfte umso erfolgreicher zu Ende führen wird.

Ich verlange, dass ich immer mehr Beweise für die Realität dieser geistigen Gesetze zu sehen bekomme. Ich begehre, den Geist des wunderbaren Himmelskörpers, die Quelle allen Lebens auf diesem Planeten, zu spüren. Ich verlange, dass mein geistiger Sinn geklärt werde, damit ich in der Sonne den mächtigsten Ausdruck des ewigen, göttlichen Geistes erkenne. Ich verlange, in allen Formen der Natur Kraft zu erkennen und Kraft aus ihnen zu schöpfen: denn Baum, Pflanze, Tier, die alle gleich mir von den warmen Sonnenstrahlen zum Leben erweckt wurden, sind Teil und Ausdruck der Macht, die diese Strahlen entsandt hat.»

Damit möchte ich aber keineswegs der Einführung eines unwandelbar starren Rituals das Wort reden. Jeder soll tun, wozu ihn der eigene Geist drängt und wann er ihn drängt. Wir halten wenig von rein mechanischen Gebräuchen. Lieber alle sechs Wochen ein spontanes Gebet am Samstag oder Sonntag abend, als allsonntäglich eine mühsam erzwungene Wiederholung. Auch auf dem oben angedeuteten Wortlaut bestehen wir keineswegs. Wir wünschen nur, dass der Geist, den diese Worte in sich tragen, *gefühlt* werde. Gefühl ist alles, leere Wiederholung gar nichts. Wir wollen keine Religion nach Vorschrift und Routine. Wer aus irgendwelchen Gründen gezwungen ist, sonntags zu arbeiten, kann auch während der Arbeit den Geist des Gebets empfinden. Der Geist, nicht der Buchstabe, ist Leben und bringt Leben.

NACHWORT

DIE AKTUALITÄT PRENTICE MULFORDS

Auf der meines Wissens einzigen Porträtaufnahme, die sich von *Prentice Mulford* (1843 – 1891) erhalten hat – ein Bild aus der Steinzeit der Photographie, mit den üblichen Accessoires und dem zeitgenössischen Ameublement eines Porträtistenateliers – , gibt es keinerlei Anzeichen für Aussergewöhnliches zu entdecken. Nichts an diesem lässig posierenden, zylinderbewehrten Durchschnittsbürger erinnert an das abenteuerliche Leben, das Mulford führte, nichts an das unkonventionelle Denken, mit dem er in kreativem Widerspruch zu einer ganzen Epoche stand.

Es ist ungewiss, wann genau dieses Porträtbild entstand; es muss jedoch jener Phase von Mulfords Leben entstammen, die ihn als mehr oder weniger erfolgreichen Journalisten, Redaktor und Sonntagsredner sah, also aus der Zeit zwischen 1866, als Mulford Redaktor bei der San Franciscoer Wochenzeitung «The Golden Era» wurde – mit wechselndem Glück war er anschliessend 17 Jahre lang für verschiedene Zeitungen tätig und reiste zweimal als Berichterstatter nach Europa, wo er auch seine Frau, eine katholische Engländerin, kennenlernte – , und 1883, als er sich in den sumpfigen Wäldern von New Jersey seine berühmte Blockhütte

baute[*1]. Dort lebte Mulford bis zu seinem Tode im Jahre 1891 in völliger Zurückgezogenheit und schrieb neben autobiographischen Texten (vor allem die 1890 erschienene «Prentice Mulford's Story or Life by Land and Sea») jene 73 Essays, die er ab 1886 unter dem Sammeltitel «Your Forces and How to Use Them» als «White Cross Library» Heft für Heft einzeln an seine Bekannten verschickte. Aber auch vor Mulfords Journalistenzeit, also vor 1866, kann das Porträt nicht entstanden sein, denn ein Küchenmatrose – in dieser Eigenschaft fuhr Mulford 1856 mit 22 Jahren erstmals zur See –, ein Metzgereiausläufer, ein Pferdebursche, ein Goldwäscher, ein Hilfsschullehrer für Goldgräberkinder, ein Waldläufer und glückloser Kupfer- und Silberschürfer (in all diesen Berufen versuchte sich Mulford bis zum Alter von 32 Jahren) hätten sich wohl ebensowenig in dieser gutbürgerlichen Manier ablichten lassen wie der Waldphilosoph und «Sumpf-Engel» (so der Titel von Mulfords eigener Beschreibung seines Hüttenbaus) von New Jersey.

[*1] Eine ausführliche Beschreibung von Mulfords Leben und Werk vermittle ich im Nachwort zum ersten Band der vorliegenden Mulford–Ausgabe («Seeleninventar oder Bleib einen Augenblick stehen und denk über dich selber nach», S. 154 – 168). Dort hat sich auch ein unverzeihlicher Verschreiber eingeschlichen. Seite 157, Zeile 1 und 2, muss es heissen: Seit den Tagen von Oswald Spenglers «Untergang des Abendlandes ...».

Die Prinzipien von Mulfords Lehre

Die unkonventionelle, unsystematische, zyklisch-narrative Art und Weise seines Denkens, noch mehr aber seine kuriose Methode der Ideenverbreitung – jedes der 73 einzeln versandten Hefte der «White Cross Library» musste neben dem speziellen Thema auch Hinweise auf die Hauptprinzipien seiner Lehre enthalten, weshalb sich Wiederholungen nicht vermeiden liessen – hat zur Folge, dass man Mulfords «Philosophie» zuerst behelfsmässig systematisieren muss, um das Originelle und noch heute Bedenkenswerte daran leicht einsichtbar zu machen. Dabei darf nicht übersehen werden, dass die genannten Eigenschaften von Mulfords Denken nur im Nachhinein und auch dann nur scheinbar nachteilig sind. Die wenig geschulte Leserschaft, für welche die Hefte zunächst bestimmt waren, konnte sich gerade der Wiederholungen wegen nach und nach die Hauptpunkte von Mulfords Lehre einprägen, ohne dass man dabei eigentlich «lernen» oder «üben» musste, und diese versteckte Didaktik wirkte umso nachhaltiger, als die Formulierungen bei gleichbleibendem Inhalt oft wechselten und eigentliche Definitionen im streng philosophischen Sinne gänzlich fehlten – Besonderheiten notabene, die auch dem heutigen Leser den Zugang zu Mulfords Schriften erleichtern könnten.

191

Hier also, knapp zusammengefasst und mehr oder weniger geordnet, Mulfords zentrale Erkenntnisse und Überlegungen, wie sie in den beiden Bänden der Sanssouci-Mulford-Edition anhand von insgesamt 18 seiner Aufsätze ausführlich und in den authentischen Formulierungen zur Darstellung gelangen:

1. *Das Materielle ist eine sichtbare Form des Geistigen, das alles durchdringt und von dem auch der Mensch ein Teil ist.*

2. *Dieses Geistige ist die eigentliche Realität, von der das materiell Greifbare nur ein schwacher Abglanz ist.*

3. *Die Hierarchie des Geistigen, das je nachdem positive oder negative Ströme umfasst, gipfelt in einer göttlichen Höchsten Macht oder Höchsten Kraft.*

4. *Die Höchste Macht vermittelt demjenigen, der sie von ihr fordert, Kräfte.*

5. *Das Schicksal des Menschen ist weder durch Vererbung zwingend vorherbestimmt, noch durch Erziehung und Umwelt zwangsläufig definiert.*

6. *Der Mensch kann, indem er die ihm von der Höchsten Macht oder von den Mitmenschen zuströmenden Geisteskräfte nutzbar macht, willentlich auf seinen Körper Einfluss nehmen.*

7. *Der Traum, auch der bewusst herangeführte Wachtraum, ist eine Möglichkeit, sich seiner geistigen Kräfte zu versichern.*

8. *Im Mittelpunkt allen Denkens sollen Schönheit, Glück und Freude stehen. An Not, Schmerz und Leid zu denken, ist schädlich und sollte wenn immer möglich vermieden werden.*

9. Die Liebe zweier Menschen trägt in gegenseitiger Steigerung der durch sie freigesetzten Kräfte wesentlich zur Vervollkommnung bei.

10. Müdigkeit, Krankheit, Alter und Tod sind, sofern es sich nicht um notwendige Regenerationsphasen handelt, keine für immer und ewig unvermeidlichen Erscheinungen. Sie weisen vielmehr darauf hin, dass wir es noch nicht geschafft haben, mit unseren geistigen Kräften wirklich auf den Körper einzuwirken und ihn richtig zu gebrauchen. Wenn wir sterben, so, weil wir nicht mehr leben wollen.

11. Der körperliche Tod, den wir jetzt noch erleiden müssen, ist etwas Vorübergehendes. Geistig leben wir weiter, und in stets neuen Wiedergeburten nähert sich unsere Seele immer mehr einer beglückenden Vollkommenheit an.

12. Die Erde ist noch jung, und der Mensch steht erst am Anfang seiner Entfaltung zur Vollkommenheit hin. Statt in die Vergangenheit, sollen wir voller Optimismus in die Zukunft blicken, die uns Möglichkeiten geben wird, von denen wir heute erst träumen können.

13. Es ist aber nicht empfehlenswert, die positive Macht unseres Denkens direkt auf grosse Ziele zu richten. Viel leichter können wir sie im Alltag ganz konkret nutzbar machen, um in jeder Situation ein glückliches, harmonisches Leben zu führen.

Prentice Mulfords Lehre wäre wohl schon lange wissenschaftlich ausgebeutet worden, wenn sie sich nur einer bestimmten Fakultät zuordnen liesse. Aber der Philosophie im eigentlichen Sinne lässt sie sich ihrer mangelnden Systematik, ihrer Definitionsunlust und der Rolle wegen, die das Transzendentale darin spielt, nicht ohne weiteres zuweisen. Und dies, obwohl Mulford vor genau jenen Fragen nicht zurückschreckt, deren Beantwortung laut einem Denker vom Range eines *Henri Bergson* gerade die Quintessenz allen Philosophierens ausmachen müsste: «Woher kommen wir? Was hat unser Leben für einen Sinn? Wohin gehen wir?»[*1] Für die Theologen wiederum dürfte Mulfords Religiosität denn doch zu weltlich und in Sachen Theodizee zu unbestimmt, zu allgemein sein. Und die Psychologie schliesslich könnte sich wohl weder mit Mulfords metaphysischen Abschweifern noch mit jenen seiner Positionen

---

[*1] «D'où venons-nous? Que faisons-nous ici-bas? Où allons-nous? Si vraiment la philosophie n'avait rien à répondre à ces questions d'un intérêt vital, ou si elle était incapable de les élucider progressivement comme on élucide un problème de biologie ou d'histoire, si elle ne pouvait pas les faire bénéficier d'une expérience de plus et plus approfondie, d'une vision de plus en plus aiguë de la réalité, si elle devait se borner à mettre indéfiniment aux prises ceux qui affirment et ceux qui nient l'immortalité pour des raisons tirées de l'essence hypothétique de l'âme ou du corps, ce serait presque le cas de dire, en détournant de son sens le mot de Pascal, que toute la philosophie ne vaut pas une heure de peine» (Henri Bergson, «L'âme et le corps», en «L'énergie spirituelle», 132. édition, Presses Universitaires de France, Paris 1967, S. 58.)

befreunden, die, wie die Aufforderung, das Vergangene zu vergessen, der modernen Seelenanalyse diametral entgegenstehen. Gleichwohl gehören Mulfords Ideen, zu wechselnden Teilen je nach der persönlichen Lesart des Betrachters, wesentlich den Bereichen Philosophie, Theologie und Psychologie an, wobei ich persönlich Mulford noch am ehesten als unkonventionell denkenden, originalen und originellen Philosophen qualifizieren würde. Aber eine solche Zuordnung kann immer nur eine nachträgliche sein, denn Mulford selbst hat seine Ideen keiner Wissenschaft eingereiht und sich auch gar nicht in einem modernen Sinne als Theoretiker verstanden. Wäre er belesen gewesen, so könnte man ihn in manchen Teilen einen Eklektizisten nennen – *Demokrits* «Seelenatome» würden sich dann z. B. in Mulfords Gedankenströmen tummeln; das «Nous» des *Anaxagoras,* jener allmächtige, aber unpersönliche Geist, könnte mit Mulfords «Höchster Macht» verglichen werden; *Platons* Ideenlehre, die Lehre vom höchsten Guten, die Erkenntnis als Wiedererinnern aus früheren Zuständen und die hohe Bedeutung des Willens könnten als Parallelen herhalten; die Wiedergeburt könnte Mulford dann (allerdings vom Negativen des immer schlimmer werdenden Leidens ins Positive der immer mehr anwachsenden Freude gewendet) vom Buddhismus bezogen haben, usw. usw.

195

Aber Mulford war nicht belesen – wenigstens nicht so, dass er daraus eine eigene «Philosophie» von solcher Originalität hätte herleiten und zusammenstellen können. Nein, Mulfords Schulbücher waren seine Lebenserfahrungen, und bei der Auswertung dieser Bücher liess er sich, da in ihnen ja an sich nicht gerade viel Hoffnungerweckendes stand, ganz von jenem optimistischen positiven Lebensgefühl bestimmen, das in jener naturhaften Umgebung in den Wäldern New Jerseys in den achtziger Jahren des letzten Jahrhunderts in ihm aufgekommen sein muss. Indem er sich selbst, seine Erfahrungen und unmittelbar aktuellen Probleme in den Mittelpunkt seiner Überlegungen stellte, vollzog Mulford in sehr viel bescheidenerer Weise und ohne davon zu wissen, einen Schritt, den wenige Jahrzehnte vor ihm auch der grosse Däne *Kierkegaard* getan hatte: er verlagerte das philosophische Nachdenken von den grossen allgemeinen Problemen auf die praktischen Einzelfragen, auf die Frage insbesondere, was der Mensch in einer ganz konkreten Situation Konkretes tun solle. So ist Mulfords Denken, ebenso wie dasjenige Kierkegaards, vorwiegend erlebnis- und erfahrungsbestimmt. Seine «existentiellen» Erfahrungen waren aber nicht, wie bei Kierkegaard, die Angst und die Einsamkeit. Mulford ging im Gegenteil von positiven Erfahrungen wie Glück, Erfolg, Freude und Liebe aus und kam deshalb folgerichtig zu einer optimistischen Einschätzung des menschlichen Daseins, während Kierkegaard und fast alle anderen sogenannten Existenzphilosophen ein pessimistisches Menschenbild verkündeten. Ähnlich ist das Verhältnis zu *Schopenhauer* und *Nietzsche*, mit denen Mulfords Denken ansonsten einige bemerkenswerte Parallelen aufweist (Bedeutung des Willens, Lehre von der ewigen Wiederkehr). Während die beiden Deutschen einer Phase der Dekadenz angehörten und dem Menschen eine wenig hoffnungsfrohe Zukunft prophezeiten, verkörperte sich in Mulfords Denken, naiv und unbekümmert und auf Erfahrungen im westlichen Neusiedlergebiet Amerikas beruhend, der naturgegebene Zukunftsoptimismus einer noch jungen Pioniernation, die den Ballast der europäischen Geistesgeschichte von sich geworfen und einen neuen Anfang gewagt hatte.

Sind Mulfords Ideen heute noch zeitgemäss?

Was kann nun aber Mulfords Lehre, die nicht nur dem bereits seit langem sozusagen wissenschaftlich fundierten Pessimismus, sondern auch dem kaum mehr ernsthaft in Frage gestellten Materialismus und den Erkenntnissen von Soziologie und Psychologie über die gesellschaftliche und erbmässige Determiniertheit des Menschen so schroff entgegensteht, dem heutigen Leser noch besagen? Wie soll sein Appell an die Eigenverantwortung des Menschen, sein insistierendes Drängen auf dem Primat des Willens über die körperlichen und psychischen Faktoren, sein Aufruf zu bewusstem, konzentriertem Erleben einerseits und zu schöpferischem, beschaulichem Träumen andererseits uns heute noch weiterbringen können? Was hilft seine Aufforderung zu lebensbejahender Zukunftsgestaltung angesichts der Menschheitsdämmerung, wie sie, von vielen Pinseln gemalt, sich immer deutlicher am Horizont abzuzeichnen beginnt?

Die Frage nach Mulfords Aktualität muss, wenn sie eine überzeugende Antwort finden soll, differenzierter gestellt werden. Wie weit ist, müssen wir uns fragen, seine Lehre in einzelnen Punkten noch zeitgemäss, und wie weit ist sie es als ganze noch?

Im einzelnen gesehen, gibt es in Mulfords Denken überraschend viele Überlegungen, die auch 1982 noch sinnvoll und berechtigt erscheinen. So mutet zum Beispiel seine ganz auf das Gefühl vertrauende, jeglichem Ritual und allen Lehrgebäuden misstrauende Religiosität geradezu frappierend modern an. So einleuchtend, wie Mulford die Rolle der Frau im Staat und in der Gemeinschaft mit dem Mann beschreibt, könnte es wohl nicht einmal ein durch die Emanzipationsbewegung sensibilisierter heutiger Zeitgenosse tun. Auch Mulfords blitzgescheite Gedanken zu nur scheinbar unphilosophischen Themen wie Gesundheitspflege, Mode, Wohnen und Essen erscheinen heute noch ebenso beherzigenswert wie seine klugen Ratschläge, wie man durch die volle Konzentration auf eine einzige Tätigkeit Stress und Nervosität vermeidet. Mulford wendet sich – auch diese Mahnung dürfte wieder aktuell, wenn auch nicht sonderlich beliebt sein – gegen den Kult der Jugendlichkeit und hält an der längst vergessenen Wahrheit fest, dass Alter auch weise machen kann. Mit Vehemenz wendet sich Mulford gegen die Ausrottung und Gefangenhaltung von Tieren und qualifiziert Kriege als «blindwütigen Irrsinn» – und dies in einer Zeit, da Nietzsche eben daran ging, den Kampf als Schule der Männlichkeit zu preisen. Dass sogar Mulfords durch Psychoanalyse und Soziologie scheinbar am entschiedendsten widerlegte These – diejenige von der alles überwindenden Kraft des menschlichen Willens, für welchen es genüge, irgend etwas von der Höchsten Macht einfach zu fordern – noch immer zeitgemäss sein kann, zeigt eine «Spiegel»-Notiz vom 12. April 1982. Da lesen wir: «Wer seine Wünsche nur laut und konzentriert kundtue, dem gingen sie in Erfüllung, und das seelische Gleichgewicht gewinne er obendrein – so lautet die neueste, einträgliche Erkenntnis auf der amerikanischen Psycho-Szene. Vor allem in Kalifornien haben zur Zeit Therapiemodelle Hochkonjunktur, nach

denen alles Ersehnte … durch zuversichtliches Kund-
tun – «Manifesting» – erreichbar sein soll.»

Und im ganzen betrachtet? Mulfords Ideen können
heute nicht mehr und nicht weniger bewirken als 1890,
als er selbst erkennen musste, dass er damit bei den meisten Menschen nur Spott erntete oder jene «starrköpfige
Ungläubigkeit» erregte, «die sich weigert, eine neue Idee
auch nur sekundenlang als Möglichkeit zu betrachten».
Wer bereit ist, Mulford wenigstens probeweise einmal
ernst zu nehmen und die ausgefahrenen Denkgeleise
und vermeintlich fixen Unterscheidungsgräben zwischen Möglich und Unmöglich – und sei's nur spiele-
risch, aus Neugierde und Experimentierfreude sozusagen – zu verlassen und zu überspringen, der wird in
Mulfords Lehre, ganz auf das Alltäglich-Praktische bezogen, jene zeitlose Aktualität finden, wie sie den Schriften aller grossen Denker der Menschheitsgeschichte ei-
gen ist. Wer den Sprung wagt, Optimist zu sein, findet
bei Prentice Mulford Anleitung in Hülle und Fülle, wie
er aus diesem Gnadengeschenk Kapital schlagen kann.

Und wenn schliesslich doch die Pessimisten recht be-
halten? Dann mag der Gedanke tröstlich sein, dass die
verbleibende Zeit, als Optimist durchlebt, dennoch an-
genehmer sein dürfte, als wenn man sie – vollkommen
zu Recht – als Pessimist durchlitten hätte.

Charles Linsmayer